Fundamentos
filosóficos da
administração

O selo DIALÓGICA da Editora InterSaberes faz referência às publicações que privilegiam uma linguagem na qual o autor dialoga com o leitor por meio de recursos textuais e visuais, o que torna o conteúdo muito mais dinâmico. São livros que criam um ambiente de interação com o leitor – seu universo cultural, social e de elaboração de conhecimentos –, possibilitando um real processo de interlocução para que a comunicação se efetive.

A capa desta obra foi ilustrada por André Figueiredo Müller, com base na obra *Escola de Atenas* (1509-1510), de Rafael Sanzio.

Fundamentos filosóficos da administração

Lidiane Grützmann

Av. Vicente Machado, 317 ▪ 14º andar ▪ Centro
CEP 80420-010 ▪ Curitiba ▪ PR ▪ Brasil ▪ Fone: (41) 2103-7306
www.editoraintersaberes.com.br
editora@editoraintersaberes.com.br

CONSELHO EDITORIAL
Dr. Ivo José Both (presidente)
Dr.ª Elena Godoy
Dr. Nelson Luís Dias
Dr. Ulf Gregor Baranow

EDITOR-CHEFE
Lindsay Azambuja

EDITOR-ASSISTENTE
Ariadne Nunes Wenger

PROJETO GRÁFICO
Laís Galvão dos Santos

CAPA
Design Charles Leonardo da Silva
Ilustração André Figueiredo Müller

DIAGRAMAÇÃO
Kátia Priscila Irokawa

Dados Internacionais de Catalogação na Publicação (CIP)
(Câmara Brasileira do Livro, SP, Brasil)

Grützmann, Lidiane
 Fundamentos filosóficos da administração/Lidiane
Grützmann. Curitiba: InterSaberes, 2014.

 Bibliografia.
 ISBN 978-85-443-0090-9

 1. Administração de empresas 2. Administração –
Filosofia 3. Conhecimento – Teoria 4. Filosofia
5. Relações humanas I. Título.

14-09101   CDD-658.001

Índice para catálogo sistemático:
I. Administração: Filosofia   658.001

Informamos que é de inteira responsabilidade da autora a emissão de conceitos. Nenhuma parte desta publicação poderá ser reproduzida por qualquer meio ou forma sem a prévia autorização da Editora InterSaberes. A violação dos direitos autorais é crime estabelecido na Lei n. 9.610/1998 e punido pelo art. 184 do Código Penal.

1ª edição, 2014.
Foi feito o depósito legal.

Sumário

Como aproveitar ao máximo este livro, 8
Apresentação, 11

1. **A filosofia e as empresas, 15**
    1.1 O que é filosofia?, 17
    1.2 O senso comum e o bom senso, 24
    1.3 Quem é o filósofo?, 26
    1.4 A administração herdeira da filosofia, 29
    1.5 O pensamento mecanicista, 31
    1.6 A teoria da complexidade, 34

2. **O conhecimento, 47**
    2.1 O significado de epistemologia, 49
    2.2 Como conhecemos?, 50
    2.3 O conhecimento na história da filosofia, 54
    2.4 A epistemologia e a administração, 61

3. **Enraizamento filosófico da ética empresarial, 75**
   3.1 Os executivos narcisistas e o problema da ética nas organizações, 77
   3.2 O que é ética?, 81

4. **Filosofia da ciência e suas relações com a teoria da administração, 107**
   4.1 Visão geral da ciência, 109
   4.2 Evolução histórica do termo, 112
   4.3 A administração científica de Taylor e sua herança na atualidade, 127

5. **A administração no contexto das ciências humanas, 139**
   5.1 A desdogmatização da ciência, 141
   5.2 As ciências humanas, 143
   5.3 O lugar da administração, 145

6. **Disciplinas filosóficas na teoria da administração, 157**
   6.1 A filosofia da linguagem (metáfora), 159
   6.2 Lógica, 168
   6.3 Estética, 174

Considerações Finais, 185
Referências, 187
Respostas, 197
Sobre a autora, 203

Como aproveitar ao máximo este livro

Este livro traz alguns recursos que visam enriquecer o seu aprendizado, facilitar a compreensão dos conteúdos e tornar a leitura mais dinâmica. São ferramentas projetadas de acordo com a natureza dos temas que vamos examinar. Veja a seguir como esses recursos se encontram distribuídos no decorrer desta obra.

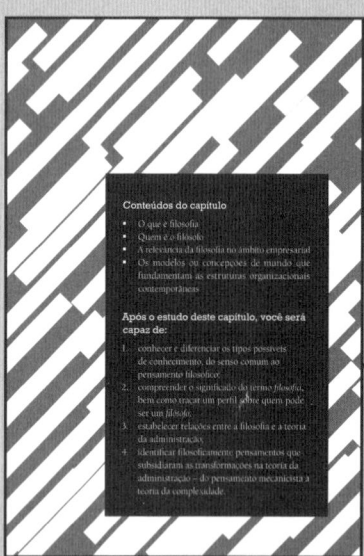

Conteúdos do capítulo

Logo na abertura do capítulo, você fica conhecendo os conteúdos que nele serão abordados.

Após o estudo deste capítulo, você será capaz de:

Você também é informado a respeito das competências que irá desenvolver e dos conhecimentos que irá adquirir com o estudo do capítulo.

Para saber mais

Você pode consultar as obras indicadas nesta seção para aprofundar sua aprendizagem.

Síntese

Você dispõe, ao final do capítulo, de uma síntese que traz os principais conceitos nele abordados.

Síntese

Neste capítulo, vimos que a filosofia enquanto área do conhecimento se configura a partir dos seguintes princípios:

- Apresentar meios a partir dos quais os homens possam ir além da ilusão instaurada pelos instrumentos causadores de alienação (como a manipulação política, o entretenimento da televisão ou o interesse da mídia).
- Oferecer condições para que os sujeitos sejam, de fato, autores da própria história, conscientes de si e de seu papel no mundo, atentos sobre suas decisões e inteirados dos motivos pelos quais sua vida é de determinado jeito, e não de outro.
- Libertar os seres humanos dos velhos costumes enraizados, mediante o questionamento das realidades fixas e convenientes.
- Oferecer condições para o exercício do discernimento sobre o bem e o mal, sobre a mentira e a verdade, sobre o real e o ilusório.

Perceba como o papel da filosofia pode ser adaptado ao contexto organizacional: as correntes mencionadas na Alegoria de Platão podem romper-se mediante o trabalho de reflexão e o exercício da crítica proporcionados pela filosofia. A superação das opiniões do senso comum, desprovidas de fundamento, podem se transformar em bom senso. O olhar muitas vezes restrito a problemas menores torna-se mais amplo e abrangente. A filosofia nos permite conhecer melhor a nós mesmos e ao outro nos diferentes modos pelos quais nos relacionamos com o conhecimento.

As empresas possuem um sistema de princípios fundamentais a partir dos quais se estabelecem as rotinas e as diretrizes organizacionais. Ao conjunto desses princípios norteadores chamamos de *filosofia empresarial*, a qual está sempre

Questões para revisão

Questões para revisão

1. A filosofia não pode ser considerada um conjunto de conhecimentos estanques, mas uma disciplina que está continuamente buscando o significado mais profundo do homem e do mundo. Podemos também citar como características do pensamento filosófico, **exceto**:
   a) a tentativa de elucidação do sentido da existência.
   b) sua apresentação como crença desvinculada da razão e da realidade.
   c) a atividade reflexiva que leva à superação do senso comum.
   d) a percepção no óbvio de inúmeras possibilidades inexploradas de compreensão do real.
   e) a realidade que considera a importância dos mitos.

2. Assinale a alternativa que completa **corretamente** a sentença:
   O filósofo _____ é quem dedica suas investigações à esfera da coletividade e busca soluções para os problemas da vida pública.
   a) cientista.
   b) mago.
   c) político.
   d) crítico.
   e) metafísico.

3. Assinale a alternativa que aponta **corretamente** as características da figura do filósofo comentador:
   a) Dedica suas pesquisas ao trabalho e as investigações feitas por outros filósofos. Elenca os grandes pensadores e suas teorias, categoriza os pensamentos por eles estruturados e os cataloga para que outros possam fazer uso deles.

Com estas atividades, você tem a possibilidade de rever os principais conceitos analisados. Ao final do livro, o autor disponibiliza as respostas às questões, a fim de que você possa verificar como está sua aprendizagem.

e) Segurar a disseminação dos princípios cristãos entre todos os fiéis e não fiéis.

3. Aponte a sequência que indica **corretamente** as principais características da ciência na Idade Moderna:
   a) Expectativa geral e crença no progresso e no desenvolvimento, Heliocentrismo e desenvolvimento industrial.
   b) Geocentrismo, desenvolvimento industrial e Evolucionismo.
   c) Evolucionismo, Geocentrismo e crença no progresso e no desenvolvimento.
   d) Crença no progresso e no desenvolvimento, Ateísmo e Humanismo Absoluto.
   e) Heliocentrismo, Humanismo Absoluto e Evolucionismo.

4. Faça uma comparação entre a análise da situação de trabalho e de vida dos colaboradores dos diversos "Vales do Silício" (desenvolvidos a partir do princípio da imbricação entre ciência e tecnologia) e os colaboradores que trabalharam sob o regime da administração científica de Taylor.

5. Descreva as aproximações entre a ciência pós-moderna e o conceito grego de *physis*. Há semelhanças? É possível afirmar que há uma retomada desse conceito?

Questões para reflexão

1. Considere o trecho a seguir do pensador alemão Martin Heidegger e reflita sobre os efeitos dos impactos tecnológicos que sofre o homem contemporâneo.
   As técnicas que hoje conhecemos como do cinema e da televisão, dos transportes, particularmente do transporte

Questões para reflexão

Nesta seção, a proposta é levá-lo a refletir criticamente sobre alguns assuntos e trocar ideias e experiências com seus pares.

Apresentação

Esta obra é destinada a estudantes de administração e administradores que desejam conhecer os fundamentos filosóficos da administração e aprofundar seus conhecimentos na área da filosofia.

A administração é uma área do conhecimento que possui suas raízes muito profundamente cravadas em solo filosófico. O presente livro explorará os meandros dessa relação, verificando o que e quanto a administração absorve da filosofia. O desvelamento dessa relação pode contribuir para a ressignificação da teoria da administração na atualidade, uma vez que a busca pelos fundamentos filosóficos dos processos de gestão e administração pode conduzir à sua humanização.

Para tanto, o primeiro capítulo da obra abrirá a discussão sobre o significado da filosofia e proporcionará uma visão panorâmica sobre nossa intenção de aproximá-la da administração.

O segundo capítulo abordará o que chamamos de *conhecimento* e proporcionará uma reflexão sobre as seguintes questões: de que forma adquirimos o conhecimento que temos – por exemplo, sobre a vida, o funcionamento do mercado ou mesmo sobre a educação dos filhos –, quais conhecimentos possuímos que não encontram "lugar" em nossa vida imediata, e ainda se todo conhecimento deve sempre vir acompanhado de uma "utilidade".

Após elucidar as relações entre a filosofia e a administração e os diferentes tipos de conhecimento, o segundo capítulo explorará também os meios de adquiri-lo, abordando a disciplina filosófica que investiga os modos de sua apropriação, a qual é chamada de *epistemologia*.

O capítulo três investiga o problema da ética, o qual possui ampla relevância e atualidade entre as questões filosóficas que se relacionam com a administração, uma vez que o administrador, por intermédio dos compromissos éticos que estabelece para com a sociedade em que está inserido, pode contribuir diretamente para a construção do bem comum.

Após conquistar a autonomia da sua racionalidade, o homem passou a explorar os limites da sua capacidade criativa. As consequências dessa exploração são as mais diversas – desde a descoberta da cura de muitas epidemias e doenças até a construção da bomba atômica. Nesse sentido, o quarto capítulo abordará a natureza e a finalidade da ciência, sua imbricação com a filosofia durante a Antiguidade Clássica e seu gradativo processo de desmembramento, investigando a natureza dos impactos que o desenvolvimento científico e o domínio da técnica/tecnologia causaram na administração das organizações.

Essa discussão termina no capítulo cinco, quando averiguaremos o processo de desdogmatização da ciência, ou seja, os meios de assimilação e sistematização da realidade de modo independente, sem vínculo com os métodos próprios das ciências naturais.

Já no sexto capítulo faremos conexões com algumas disciplinas da filosofia, como a linguagem, a lógica e a estética, áreas que apresentam grande pertinência no âmbito organizacional. Veremos como os desdobramentos da filosofia da linguagem causam impacto sobre as organizações, uma vez que a linguagem assume os contornos da cultura na qual ela se encontra inserida. Exploraremos ainda, no âmbito da linguagem, uma interessante possibilidade de crítica sobre o caráter multifacetado das organizações por intermédio das metáforas, analisando, finalmente, a relação entre a estética e a teoria das organizações.

Assim, pela relação entre as temáticas propriamente filosóficas e a teoria das organizações, seremos capazes de ampliar nossa capacidade de pensar sobre o mundo, refletir sobre nossos padrões e condicionamentos, indagar sobre as condutas extremamente burocratizadas e engessadas das quais eventualmente participamos, bem como entender e qualificar nossa ação no mundo.

1

A filosofia e as empresas

Conteúdos do capítulo

- O que é filosofia.
- Quem é o filósofo.
- A relevância da filosofia no âmbito empresarial.
- Os modelos ou concepções de mundo que fundamentam as estruturas organizacionais contemporâneas.

Após o estudo deste capítulo, você será capaz de:

1. conhecer e diferenciar os tipos possíveis de conhecimento, do senso comum ao pensamento filosófico;
2. compreender o significado do termo *filosofia*, bem como traçar um perfil sobre quem pode ser um *filósofo*;
3. estabelecer relações entre a filosofia e a teoria da administração;
4. identificar filosoficamente pensamentos que subsidiaram as transformações na teoria da administração – do pensamento mecanicista à teoria da complexidade.

1.1 O que é filosofia?

Muitas vezes somos envolvidos em situações que aparentemente são corretas, mas que, com um pouco de análise e reflexão, revelam-se nocivas e desonestas. Analisando superficialmente, o correto se parece com o comum. Assim, as pessoas passam a estabelecer um compromisso apenas com o aparentemente correto, sem refletir sobre o que de fato é correto ou não. Em uma sociedade escravocrata, por exemplo, na qual, inclusive, existiam leis para a manutenção do sistema de escravidão humana, escravizar parecia ser correto; no entanto, se utilizarmos o pensamento crítico e aguçarmos nosso olhar para além das aparências, teremos condições de acessar o sentido de tudo, e a escravidão aparecerá imediatamente como algo desumano. Estamos de tal maneira habituados com o comum e com o óbvio que não nos perguntamos sobre as razões de tudo ser como é, e não diferente.

Após a tomada de consciência, cabe-nos uma decisão que encontra lugar no âmbito da ética: continuarei participando de um esquema desumano? E se minha sobrevivência e a da minha família dependerem da participação em um sistema no qual não acredito, o que pode/deve ser feito? Essas questões são verdadeiros embates, dilemas que nenhum ser humano está livre de enfrentar, em maior ou menor proporção, ao longo de sua existência. Para todos os casos, a filosofia funciona como uma lanterna, iluminando a verdade sobre a condição humana, ainda que não trate de apresentar respostas – apenas elucida a realidade e a formulação de perguntas sobre ela.

Usamos como exemplo de obscuridade o período em que a humanidade praticava a escravidão com naturalidade, mas, se estendermos o olhar crítico e reflexivo até outras áreas de nossa vida – o modo como encaramos nossas relações afetivas, nossa relação com o consumo ou com os animais –, veremos que aceitamos e nos conformamos com muito do que a realidade nos sugere, sem sequer duvidar dela. Quem sabe, ao abrirmos os olhos, veremos que somos piores do que outrora foram os capitães do mato.

Em 1999, Hollywood lançou um filme chamado *Matrix*. É a história de um jovem programador de computadores atormentado por estranhos pesadelos. Ele conhece Morpheus (que, na mitologia grega, é conhecido como o *deus do sono*) e entende que o mundo das coisas em que ele vive não é real, apenas parece real. Sua luta diária a partir do momento em que toma consciência da realidade é para libertar as pessoas da ilusão do real, a que o filme chama *Matrix*. Marilena Chaui, filósofa contemporânea brasileira, reconhece a importância do filme na discussão acerca da lucidez sobre a realidade: "Vencer o poder da Matrix é destruir a aparência, restaurar a realidade e assegurar que os seres humanos possam compreender e perceber o mundo verdadeiro e viver realmente nele" (Chaui, 2003, p. 10).

O filme foi inspirado na Alegoria da Caverna[1], de Platão. Uma alegoria encontra significado naquilo que não está dito literalmente: é uma figura de linguagem. Por ser utilizada para ilustrar o processo humano de libertação da ignorância, a Alegoria da Caverna é um texto que atravessou séculos sem nunca ter perdido sua relevância. Veja abaixo um trecho dessa Alegoria:

> Em uma caverna havia homens que se encontravam acorrentados desde o dia de seu nascimento. O modo como estavam amarrados fazia com que eles olhassem apenas em uma direção. Tudo o que eles podiam ver eram sombras projetadas em uma parede defronte suas faces, como se fosse um filme. Também não sabiam da existência de uma saída da caverna, pois não eram capazes de enxergá-la. As sombras advinham de homens que levavam fantoches e objetos e os passavam por entre uma réstia de luz vinda de uma fogueira atrás do muro. Como os prisioneiros não podiam enxergar para além do que estava a sua frente, acreditavam que as sombras nas paredes eram toda a realidade e que nada mais existiria para além daquela escuridão. Os prisioneiros estavam tão acomodados àquela condição que davam nomes para as sombras, classificavam-nas e se divertiam com elas.

---

[1] Infelizmente, não há registros escritos cuja autoria possa ser fidedignamente atribuída ao próprio Sócrates. Seu pensamento é conhecido hoje em função dos relatos escritos por Platão e Xenofonte. A Alegoria da Caverna é um relato feito por Platão de um dos vários diálogos realizados entre Sócrates e seus interlocutores. Nesse caso, a conversa se dá com Glauco e Adimanto, dois irmãos mais novos de Platão.

Certa vez um dos prisioneiros conseguiu escapar e caminhou curiosamente até a abertura da caverna. Quando ele percebeu a saída, adquiriu consciência sobre a situação de aprisionamento em que vivia com seus companheiros; se deu conta de que passou uma vida toda confiando e vivendo ilusões, ídolos, em estado de ignorância em relação à verdade.

O prisioneiro saiu da caverna e a primeira sensação que teve foi de seus olhos sendo ofuscados. Ele sentiu dor e se assustou, uma vez que não é fácil passar da escuridão à luz, pois leva tempo até os olhos se acostumarem com a luz do sol. Só depois de se habituar com a luz é que ele foi capaz de contemplar as cores da realidade, respirar um novo ar, sentir o calor do sol e contemplá-lo como fonte da existência. Tão entusiasmado estava com a nova realidade, sentiu que precisava avisar seus companheiros para libertá-los daquela condição. Ao voltar para a caverna e contar sobre tudo o que viu, os homens acharam que o rapaz estava louco e passaram a desprezá-lo por causa de seu modo de ver o mundo, que era então diferente daqueles que nunca haviam se aventurado.

Leia, agora, o trecho final dessa obra de Platão:

SÓCRATES – Considera também o seguinte, lhe falei: se esse indivíduo baixasse de novo para ir sentar-se em seu antigo lugar, não ficaria com os olhos obnubilados pelas trevas, por vir da luz do sol assim tão de repente?

> GLAUCO – Sem dúvida, respondeu.
>
> SÓCRATES – E se tivesse que competir outra vez a respeito das sombras com aqueles eternos prisioneiros, quando ainda se ressentisse da fraqueza da vista, por não se ter habituado com o escuro – o que não exigiria pouco tempo – não se tornaria objeto de galhofa dos outros e não diriam estes que o passeio lá por cima lhe estragara a vista e que não valia a pena sequer tentar aquela subida? E se porventura ele procurasse libertá-los e conduzi-los para cima, caso fosse possível aos outros fazer uso das mãos e matá-lo, não lhe tirariam a vida?
>
> GLAUCO – Com toda a certeza, respondeu.

Fonte: Platão, 2000a, p. 322.

No diálogo de Platão, quem está conversando com Sócrates é Glauco. Em certo momento do diálogo, Glauco reconhece que os prisioneiros da Alegoria eram muito estranhos... com a liberdade e a realidade tão perto, por que não se livravam dos grilhões? Por que não se esforçavam e olhavam em outra direção? Sócrates, então, esclareceu que eles são como todos os demais seres humanos.

No contexto empresarial, as correntes representam a estagnação que muitos setores enfrentam, especialmente nos momentos em que se exige uma visão mais abrangente do mercado, da sociedade e da realidade. Vários contextos podem ser elucidados à luz dessa Alegoria. De modo geral, podemos entender que as

> No contexto empresarial, as correntes representam a estagnação que muitos setores enfrentam, especialmente nos momentos em que se exige uma visão mais abrangente do mercado, da sociedade e da realidade.

correntes são como os costumes adquiridos em nossa vivência cultural, nossos hábitos, a interpretação (fixa) que temos do mundo e a estrutura de pensamento comum ao grupo no qual estamos inseridos desde o nascimento.

A mesma coisa acontece quando uma empresa fecha-se em seus próprios objetivos e metas e não quer perceber a cadeia causal que gera a cada decisão que toma.

O sol que ofusca a visão representa a verdade, a constatação de que o mundo é infinitamente maior que os portões da empresa. Enxergar a luz do sol e as novas formas do mundo não quer dizer que o liberto (filósofo) conheça tudo o que existe e que já obteve todas as respostas para a sua vida. O espanto, a surpresa e o susto causados pela verdade servem como estímulo para que ele se aprofunde no novo mundo que acabou de se apresentar.

Vamos a um paralelo: uma empresa que sempre destinou seus resíduos aleatoriamente, sem cuidado com a preservação do ambiente, está amarrada em suas correntes, ou melhor, fechada em seu próprio problema: livrar-se dos resíduos. Quando alguém da empresa percebe os impactos causados pela falta de responsabilidade ambiental, é capaz de libertar-se da ignorância, como aquele que saiu da caverna, e pode sentir-se na obrigação de alertar os demais sobre os prejuízos daquela prática.

A forma como cada empresa receberá o liberto (o filósofo) é que determinará o tipo de empresa que é e que será: em alguns contextos, ele seria visto como louco e seria "excluído" da caverna/empresa para que não causasse transtornos ou ameaçasse a ordem; em outros contextos, poderia ser visto como alguém capaz de ensinar aos demais um novo jeito de ser empresa, mais adaptado às necessidades do tempo atual – no caso, à responsabilidade ambiental.

Sócrates afirmava que uma vida sem análise, sem exame, sem questionamento e, principalmente, sem transformação não vale a pena ser vivida. A tarefa da filosofia, tal como expressa na Alegoria da Caverna, é a elucidação sobre a passagem da ignorância para o aprendizado; sobre como os homens passam de um estado de ilusão, de opinião e aprisionamento para o estado de saber, de luz e verdade. A Alegoria da Caverna é a representação do papel da filosofia na vida dos sujeitos e é perfeitamente adaptável à compreensão do sentido da vida empresarial.

Se a filosofia possui algum sentido, então é este: libertar os seres humanos dos velhos costumes enraizados, questionar as realidades fixas e convenientes, ir além da ilusão instaurada pelos instrumentos causadores de cegueira e alienação (como a manipulação política, o entretenimento da televisão ou o interesse da mídia) e oferecer condições para que os sujeitos sejam, de fato, autores da própria história, para que sejam conscientes de si e de seu papel no mundo, alertando-os sobre suas decisões e inteirando-os sobre os motivos pelos quais sua vida é de tal jeito e não de outro. Ter condições de distinguir o bem e o mal, a mentira e a verdade, o real e o ilusório: eis o papel da filosofia na vida dos seres humanos.

> A Alegoria da Caverna é a representação do papel da filosofia na vida dos sujeitos e é perfeitamente adaptável à compreensão do sentido da vida empresarial.

Independentemente do contexto cultural em que estamos inseridos, não somos capazes de nos contentar por muito tempo. Foi por sua curiosidade e busca por saber que o homem decidiu lançar-se ao mar no início da Idade Moderna; ali, descobriu que após a linha do horizonte não havia um abismo ou o fim do mundo, mas um novo continente, um novo mundo, um novo desejo. O mesmo impulso nos move a desconfiar de tudo o que é óbvio. Para conhecer um objeto, uma criança o coloca na boca, um engenheiro o desmonta, um administrador planeja. Mas e se o objeto for o sentido da atividade laboral, ou ainda o significado da existência, como fazemos para conhecê-lo? Pela filosofia.

Podemos afirmar que a filosofia é uma atividade específica do pensar, a qual, para elucidar seus objetos de análise, se vale da argumentação e da lógica. Entre as ações do filósofo temos a análise, a investigação elucidativa e o pensar argumentativo. O filósofo tem na busca pela verdade seu maior objetivo: ele deseja a verdade, procura-a e anseia por ela. Etimologicamente, a verdade (do grego *aletheia*) representa o desvelamento, a descoberta do que está obscurecido pela tradição ou pelo costume. Assim, a coragem é uma virtude necessária ao filósofo, já que ele possivelmente enfrentará o obscurantismo de todos os que ainda não experimentaram o desejo pela saída.

Finalmente, entendemos a filosofia como um método de esclarecimento do mundo, pelo qual podemos nos aproximar da realidade das coisas. A filosofia pode ser comparada a um martelo com o qual se quebram as ilusões, um candeeiro com o qual se ilumina uma caverna e um espelho pelo qual reconhecemos nossa própria condição.

1.2 O senso comum e o bom senso

Na descrição da Alegoria da Caverna, Platão descreve os homens acorrentados como sujeitos que acreditam que as sombras constituem o todo da realidade. Eles creem nas sombras, nas ilusões, como se fossem verdades absolutas. Em nossos dias, os aprisionados são aqueles que se deixam levar pelas opiniões simples e não refletidas, muitas vezes oriundas de preconceitos e do que é estabelecido vulgarmente pelos meios de comunicação de massa. A essa forma de pensar, **sem autonomia e sem reflexão**, damos o nome de *senso comum*.

É comum julgar algo em função daquilo que primeiro aparece aos nossos sentidos. Considerar algo grande demais, pequeno demais, útil ou inútil, ridículo ou belo depende da subjetividade, ou seja, de como o que é observado atinge o sujeito e do efeito que causa nele. Por exemplo, quando alguém criado em uma família com hábitos carnívoros vê uma vaca, entende que ela é uma fonte de alimento; quando um hindu vê uma vaca, ele a percebe como um animal sagrado.

O senso comum é repleto de interpretações pessoais, sentimentos e estimas da pessoa ou do grupo do qual se origina. O perigo de se deixar levar pelo senso comum é que toda opinião leva à ação. Quando a ação humana carece de reflexão, ela pode ser nociva. Podemos utilizar como exemplo uma criança que nasce em uma família homofóbica. Ela cresce vendo e ouvindo os pais falarem mal de homossexuais, percebe a recusa da presença de homossexuais e ouve piadas com conotação homofóbica. Quando adolescente, a tendência é que ela reproduza as opiniões engessadas dos pais em relação aos homossexuais, que aja também com preconceito e até agrida aqueles que tiverem uma posição sexual diferente. Mas esse indivíduo, adulto, pode ser capaz de transformar o senso comum em bom senso. Se o referido adolescente chegar ao bom senso, perceberá um problema na postura discriminatória de sua família, na medida em que o preconceito gera constrangimento no outro. Ele também pode arremeter seu bom senso e investigar a homofobia do ponto de vista da genética e da biologia, percebendo que a ciência contemporânea desestabiliza a ideia de homossexualidade como doença, não restando nada que justifique, fundamente

> O senso comum é repleto de interpretações pessoais, sentimentos e estimas da pessoa ou do grupo do qual se origina. O perigo de se deixar levar pelo senso comum é que toda opinião leva à ação.

ou subsidie uma ação discriminatória. Todo preconceito é fruto de uma opinião ignorante e gerador de uma ação desumana.

O senso comum pode se transformar em uma reflexão filosófica a partir do momento em que o indivíduo utiliza o bom senso. Quando o adolescente questiona os estereótipos nos quais a família dele se baseia e que fundamentam os preconceitos construídos, pode passar a ser um estranho, pois deixará de ser igual aos seus e poderá até deixar de ocupar um lugar naquele grupo, como na Alegoria da Caverna. Por outro lado, o grupo pode enxergar a nova opinião, considerar a circunstância em que vive e, pelo uso do bom senso, transformar uma prática preconceituosa em uma prática agregadora e inclusiva.

1.3 Quem é o filósofo?

Pitágoras rejeitava a denominação *sábio* que lhe atribuíam seus contemporâneos; ele afirmava que o conhecimento pleno pertence somente aos deuses; aos homens é possível apenas amar a sabedoria. Dessa forma, ele descrevia sua prática como *intelectual*. A palavra *sabedoria* no contexto grego clássico era compreendida de forma parecida com o que denominamos atualmente *ciência*. Até o século XIX não havia propriamente uma distinção entre ciência e filosofia, pois esta tratava de todos os temas, incorporando todos os saberes em si.

Marcondes e Franco (2011) – na obra *A filosofia: O que é? Para que serve?* – elencam as imagens mais comumente associadas ao filósofo: o crítico, o metafísico, o mago, o cientista, o político e o comentador. Muito provavelmente, essas conclusões mapeadas pelos autores farão você perceber que a figura do filósofo não é fixa e que você pode estar cercado por eles ou até mesmo ser um deles. Vejamos:

- **O crítico:** A figura do filósofo como pensador crítico tem origem no pensamento e no método socrático – a maiêutica. O pensador crítico é quem interroga e problematiza questões fundamentais tanto com seus companheiros quanto consigo mesmo. O resultado de sua problematização é um retorno à condição de ignorância e à constatação de que não é possível alcançar a verdade. O crítico encontra-se permanentemente em exercício de reflexão e acredita na máxima "só sei que nada sei".
- **O metafísico:** Este pensador se empenha na busca pela verdade, com a crença de que ela poderá ser alcançada. A figura do filósofo como metafísico se baseia no pensamento e no método de Platão – a dialética – e se estende com força por toda a história da filosofia ocidental. O pensador metafísico é apresentado como aquele que persegue coisas que estão em pleno fluxo e sobre as quais não pode haver conhecimento. Seria como na frase "procurar em uma sala escura um gato preto que não está lá".
- **O mago:** O filósofo mago aparece quando sua busca se dá no sentido de uma sabedoria para além do mundo concreto e observável. Assim como os filósofos, os matemáticos, os físicos e os astrônomos utilizam-se de diversos instrumentos metodológicos com o objetivo de iluminar e compreender o real. No período do Renascimento, essas estratégias foram entendidas como magia na medida em que eram capazes de elucidar os segredos da natureza e do universo. Como consideram os alquimistas, o filósofo mago é um "doutor em ciências ocultas".
- **O cientista:** Aristóteles considerava a filosofia como a ciência das ciências. Na Grécia Clássica, o filósofo era aquele que cultivava o amor/interesse pela sabedoria de

um modo geral, e não apenas pelo que é próprio da filosofia nos dias de hoje. O pensamento de Aristóteles foi muito abrangente e contribuiu para o desenvolvimento da física, da astronomia, da biologia e da psicologia. O conhecimento na Grécia Clássica não era assim fragmentado e a separação do conhecimento em áreas específicas se deu na Idade Moderna, com o pensamento mecanicista de Descartes. Assim, a figura do filósofo cientista é daquele que se interessa por todo tipo de saber, que entende e procura saber a natureza e o funcionamento de tudo.

- **O político:** O filósofo político é quem dedica suas investigações à esfera da coletividade em busca de soluções para os problemas da vida pública. Aristóteles considerava o homem como *zoon politikon*, ou seja, politicamente organizado. "A pólis é uma espécie de associação, e toda associação é compartilhada em nome de algum bem; um desses bens é a justiça, pois regras de justiça são o princípio organizador do político." (Marcondes; Franco, 2011, p. 59). Diferentemente de ingressar na esfera política mediante a candidatura a algum cargo, o filósofo político é um membro ativo no contexto em que atua (bairro, escola, empresa...), desvela situações de injustiça e luta para que a convivência harmônica e justa se estabeleça.
- **O comentador:** O filósofo comentador é aquele que dedica suas investigações ao trabalho e às investigações feitas por outros filósofos. Seu trabalho pode também ser comparado ao do historiador da filosofia, que elenca os grandes pensadores e suas teorias, categoriza os pensamentos por eles estruturados e os cataloga para que outros possam fazer uso deles. A originalidade e a pertinência do filósofo comentador estão em identificar a relevância do que já foi feito ou pensado e ressignificar esse conteúdo para uma nova realidade.

Se partirmos do princípio de que filosofar é ater-se ao conhecimento, todos somos filósofos, de um modo ou de outro. Aproveite o tema em questão e observe com qual dos modelos você mais se identifica. Observe ao seu redor, em seu local de trabalho ou estudo, em sua família: de quantas formas diferentes é possível se relacionar com o conhecimento?

1.4 A administração herdeira da filosofia

Como vimos na Alegoria da Caverna, a filosofia nasce junto ao espanto, à surpresa. Ela pode ser experimentada no momento da descoberta e na curiosidade que segue à surpresa. A filosofia é criadora das perguntas que preparam o conhecimento das coisas, do homem e do mundo. É o campo de investigação sobre o ser das coisas e dos homens, sobre as possibilidades de interação com o conhecimento, sobre as formas como as coisas se apresentam e os juízos que fazemos delas e também sobre o modo como nos relacionamos com as coisas e uns com os outros no mundo.

> A filosofia abre questões para que seja possível discutir o homem, a estética, a religião, a política e a ética na forma como se apresentam desde o momento histórico estudado. É possível perceber uma variação das respostas dos princípios filosóficos nos diferentes momentos históricos. Ao conjunto de respostas que os diversos setores da sociedade oferecem às questões próprias da filosofia chamamos de **modelos ou concepções de mundo**. Há sempre uma concepção de mundo que determina o panorama geral de atuação, bem como os paradigmas que marcam uma época. A administração, como herdeira da filosofia, também acompanha esse movimento.

Na Idade Moderna, começa a se desenhar uma concepção de mundo cujo eco é perceptível ainda nos dias atuais. As grandes imposições sofridas pela dura moral medieval fizeram o sujeito moderno aspirar por liberdade. Nessa época, o homem se percebia dotado de racionalidade, sabendo que a razão era algo natural e que lhe era permitido desfrutar dela, independentemente do que pudesse acontecer após a morte. O homem iluminista queria experimentar tudo o que era capaz de fazer por intermédio de suas faculdades racionais, o que lhe foi proibido durante a vigência da ética cristã medieval. Surgiram, então, pensadores que afirmavam que tudo o que existe no Universo é de caráter físico e material, nada existindo de sobrenatural, como Holbach e Helvétius, os quais afirmavam não haver diferença entre corpo e alma, superando a compreensão medieval. Assim, o homem iluminado pela racionalidade (Iluminismo) é caracterizado pela busca da felicidade e da realização de seus desejos por meio da satisfação de sua razão e de seus sentidos, reprimidos por séculos. No Iluminismo, a razão é entendida como única forma de alcançar a verdade[2], o avanço e a ordem.

O modelo econômico que começou a adquirir seus contornos na Idade Moderna foi o capitalismo. O desenvolvimento do comércio, a livre iniciativa e a possibilidade do lucro individual (considerado um pecado na Idade Média) despertaram no indivíduo a necessidade de organizar ou administrar essa nova estrutura. Vejamos como o modelo ou a concepção mecanicista de mundo fundamenta certo modo de estrutura organizacional.

> O homem iluminista queria experimentar tudo o que era capaz de fazer por intermédio de suas faculdades racionais, o que lhe foi proibido durante a vigência da ética cristã medieval.

---

2 O Iluminismo foi um movimento político, econômico, cultural e filosófico do século XVIII. Os pensadores iluministas pregavam a igualdade e a liberdade religiosa e de expressão.

1.5 O pensamento mecanicista

A principal herança do pensamento cartesiano (Descartes) é a fragmentação. Descartes acreditava que para compreender e/ou solucionar um problema seria necessário fragmentar o objeto/problema em várias partes, começar a entendê-lo pelas partes menos complexas para, então, dedicar-se à compreensão das partes mais complexas. Assim, com a soma da compreensão de cada parte e mediante o registro das devidas conclusões específicas, chegaríamos à compreensão do todo. Essa forma de compreensão de mundo é chamada de *mecanicismo*.

> **Mecanicismo:** concepção da natureza, típica de filósofos e cientistas modernos, como Galileu, Descartes e Newton, segundo a qual tudo o que acontece pode ser explicado à luz de forças físicas que provocam "puxões" e "empurrões". Tal como qualquer máquina, a natureza é composta por inúmeras "peças" ligadas entre si, cujo funcionamento regular e previsível pode ser reduzido a um conjunto limitado de leis, as leis da mecânica. Por isso, o mecanicismo é uma forma de Reducionismo. O mecanicismo surgiu como oposição às concepções organicista e animista da natureza, herdadas de Aristóteles e dos teóricos medievais. As descobertas do físico escocês James Maxwell (1831-1879) acerca da radiação eletromagnética abalaram seriamente a concepção mecanicista da natureza.

Fonte: Adaptado de Almeida et al., 2003.

O mecanicismo cartesiano serve de referência para a administração, nos casos em que a empresa é concebida como aparato maquinal cujo bom funcionamento geral depende do equilíbrio, do bom funcionamento e da relação entre cada uma das engrenagens.

O mecanicismo empresarial pode ser nocivo para o elemento humano na medida em que este tende a ser "coisificado"– isto é, o homem pode passar a ser visto como coisa ou peça, já que sua importância na empresa passa a ser atrelada ao produto. Um homem "vale" tanto quanto pode produzir; se a produção cair por algum motivo, utiliza-se a mesma lógica das máquinas: substitui-se a peça "defeituosa". O mecanicismo empresarial não considera o elemento humano em suas relações, mas apenas como peça hierarquizada em máquina produtiva, por exemplo, quando um trabalhador na linha de montagem é visto, na visão de Marx, como um apêndice de carne em uma máquina de aço.

O mecanicismo como modelo ou visão de mundo foi a principal referência para modelos como o taylorismo. Frederik Taylor foi um engenheiro norte-americano responsável pela criação de um método que tinha como objetivo aumentar a produtividade do trabalho nas fábricas, de modo a economizar tempo e investimentos desnecessários e, ao mesmo tempo, impedir que os funcionários tivessem comportamentos inadequados no interior das fábricas. Taylor considerava os trabalhadores como seres indiferentes à função; via-os como preguiçosos e alienados. Para resolver essa questão, resolveu controlar o tempo dos trabalhadores para que respondessem de forma mais produtiva. Veja, no quadro a seguir, os princípios elaborados por ele a serem aplicados nas fábricas.

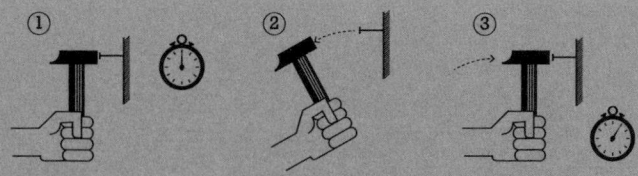

1º princípio: reduzir o saber operário a seus elementos mais simples, estudar os tempos de cada operação, para se chegar ao tempo necessário, objetivo este realizado com a introdução do cronômetro.

2º princípio: selecionar e treinar os trabalhadores, adaptando-os às tarefas simplificadas, concentrando todo o trabalho intelectual no departamento de planejamento, estabelecendo, assim, a separação entre o trabalho de concepção e o de execução.

3º princípio: cooperar cordialmente com os trabalhadores para articular todo o trabalho com o princípio da ciência que foi desenvolvida, evitando reações e anulando a luta de classes no interior da fábrica.

4º princípio: manter a divisão igualitária do trabalho e das responsabilidades entre a direção e o operário, prescrevendo o que fazer, como fazer e o tempo concedido para fazê-lo.

FONTE: Rago; Moreira, 1984, citados por Souza; Marchi; Machado, 2004, p. 26-27.

No início do século XX, Henry Ford, dono da indústria automobilística Ford, resolveu colocar em prática os princípios de Taylor. Ford, que pretendia reduzir ainda mais os custos de sua produção (e, assim, aumentar seu lucro), criou linhas de montagem facilitadas pelo uso da esteira móvel.

Nesse modelo, os funcionários permanecem em um local realizando uma função específica, enquanto as partes do produto passam por ele sobre uma esteira. O ritmo do trabalho passa a ser determinado pelo ritmo da esteira. O trabalhador precisava dar conta de sua função no tempo estimado, do contrário, o trabalho se acumula sobre a esteira. Naquela época, eram controlados tanto o tempo de trabalho quanto o tempo livre. Havia pequenas pausas de três minutos para ir ao banheiro e de quinze minutos para o almoço. Nesses modelos, inspirados na concepção de mundo mecanicista, a força de trabalho humano era explorada de forma brutal. O ritmo de trabalho a que os trabalhadores precisavam se submeter era frenético e seus movimentos diante da esteira eram simples e repetitivos.

1.6 A teoria da complexidade

Como vimos, o mecanicismo é uma concepção de mundo que fundamenta um modo de ser desde a ciência até a fábrica. Com o advento das lutas de classes, os trabalhadores passaram cada vez mais a reivindicar um modo mais humano de tratamento, além de condições mais dignas e justas de trabalho. Muitos pensadores criaram teorias críticas ao modo de produção baseado na exploração e no lucro; no entanto, era necessário que a concepção de mundo se alterasse para que as condições objetivas se alterassem em seguida.

Assim, o paradigma da complexidade aparece com o intuito de transpor o modelo cartesiano/mecanicista do mundo máquina, entendido como um conjunto de engrenagens, para perceber o mundo e o homem nas relações que lhe são próprias. O paradigma da complexidade pretende reunir o todo e as partes, o individual e o coletivo, as causas e os efeitos, na busca pela reorganização do conhecimento em suas múltiplas perspectivas, inclusive no mundo organizacional.

O mecanicismo se revelou como um problema exatamente porque entendia a realidade humana apenas em seu caráter produtor, mera mão de obra alienada dos seus aspectos puramente humanos – a vida e o seu valor, bem como seu lugar no mundo, ao lado da biodiversidade terrestre. O paradigma da complexidade resgata a percepção da Terra como um organismo vivo e pulsante. Agora, a ressignificação da concepção de mundo mecanicista é mais do que necessária: é imperativa. A concepção de mundo que tem como base a teoria da complexidade vê no todo muito mais que a soma das partes, entendendo também as partes como muito mais que a mera divisão do todo.

> A antropologia complexa é capaz de iluminar a antropolítica. O homem não tem a missão soberana de dominar a natureza. Mas pode levar adiante a hominização. Esta é aleatória: **homo sapiens demens** contém simultaneamente bondade original e vício natural, misturados entre si. É preciso reconhecer essa ambivalência que contém dentro dela fraquezas, misérias, carências, crueldades, bondades, nobrezas, possibilidades de destruição e criação, consciência e inconsciência. (Morin, 1996, p. 147)

Essa nova concepção de mundo, que podemos chamar de *tomada de consciência global*, exigiu uma reestruturação geral da sociedade, da política, das relações humanas e de trabalho. Agora, é necessário acolher os aspectos multidimensionais, planetários e ecossistêmicos. A estrutura empresarial derivada dessa cosmovisão precisa se preocupar com o humano, tanto quanto ao bem-estar coletivo como aos interesses individuais.

A empresa contemporânea deve ter por base uma antropologia da complexidade que considere o homem em suas habilidades e contradições e leve em conta as suas necessidades psíquicas e emocionais, sem pretendê-lo reduzido ao projeto do homem produtor, como no taylorismo. Para tanto, uma das vias de ação é o estímulo ao desenvolvimento de tudo o que agrega e soma e a luta contra tudo o que desagrega e divide.

Será a partir da implantação e da vivência dessa concepção de mundo que as organizações serão capazes de agir positivamente nos diferentes espaços que elas representam. A exigência do paradigma da complexidade sobre a cultura empresarial recai sobre a reformulação das relações interpessoais, além das relações do produto com a sustentabilidade global e planetária. É a compreensão de que as políticas locais têm consequências globais e a relação entre as diversas formas de se fazer empresa capazes de promover mudanças globais.

Leitura complementar

Nesta leitura complementar, você lerá um trecho da obra *As conexões ocultas*, de Fritjof Capra. Nesse texto, você verá como o mundo empresarial precisa se adaptar às mudanças paradigmáticas, sob pena de não sobreviver aos novos tempos.

A teoria mecânica da administração obteve, é certo, muito êxito em aumentar a eficiência e a produtividade, mas provocou também uma animosidade generalizada contra as empresas administradas de maneira mecânica. O motivo é óbvio: a maioria das pessoas simplesmente não gosta de ser tratada como engrenagem de uma máquina.

Quando olhamos bem para o contraste entre duas metáforas – máquina *versus* ser vivo – fica evidente o porquê de um estilo de administração determinado pela metáfora da máquina ter problemas para fazer mudanças na organização. A necessidade de que todas as mudanças sejam projetadas pela administração e impostas à organização tende a gerar uma rigidez burocrática. A metáfora da máquina não deixa espaço para as adaptações flexíveis, para o aprendizado e para a evolução, e não há dúvida de que as empresas administradas de maneira puramente mecânica simplesmente não têm condições de sobreviver no ambiente econômico de hoje em dia, que é complexo e orientado para o conhecimento e muda rapidamente. Peter Senge publicou sua comparação das duas metáforas no prefácio a um livro notável, intitulado *The Living Company*. Seu autor, Arie de Geus, ex-executivo da Shell, abordou a questão da natureza das organizações empresariais a partir de um ponto de vista muito interessante. Na década de 1980, de Geus realizou para o grupo Shell um estudo acerca da lengevidade empresarial. Ao lado dos seus colegas, investigou algumas das grandes empresas que já existiam há mais de cem anos e haviam sobrevivido a grandes mudanças no cenário mundial sem deixar de prosperar e sem perder sua identidade empresarial.

O estudo analisou 27 empresas "longevas" e constatou que elas tinham diversas características em comum. Isso levou de Geus a concluir que as empresas resistentes e longevas são as que apresentam um comportamento e certas características semelhantes aos de entidades vivas. Essencialmente, ele identifica dois conjuntos de características. O primeiro é uma forte noção de comunidade e de identidade coletiva, que se constrói em torno de um conjunto de valores comuns; uma comunidade na qual todos os membros sabem que serão amparados em seus esforços para atingir os próprios objetivos. Outro conjunto de características engloba uma abertura para o meio externo, a tolerância à entrada de novos indivíduos e novas ideias e, em consequência, uma capacidade manifesta de aprender e adaptar-se às novas circunstâncias.

De Geus contrapõe os valores dessa "empresa aprendiz", cujo principal objetivo é o de sobreviver e prosperar a longo prazo, aos da "empresa econômica" convencional, cujas prioridades são determinadas por critérios puramente econômicos. Afirma ainda que a "notável diferença entre essas duas definições de empresa – a empresa econômica e a empresa aprendiz – está no âmago da crise com que se deparam os administradores de hoje em dia". Sugere também que, para superar a crise, os administradores precisam mudar suas prioridades, 'de administrar empresas a fim de otimizar o capital' para 'administrar empresas a fim de otimizas as pessoas'.

Fonte: Capra, 2002, p. 116-117.

Síntese

Neste capítulo vimos que a filosofia na qualidade de área do conhecimento se configura a partir dos seguintes princípios:

- Apresentar meios a partir dos quais os homens possam ir além da ilusão instaurada pelos instrumentos causadores

de alienação (como a manipulação política, o entretenimento da televisão ou o interesse da mídia).
- Oferecer condições para que os sujeitos sejam, de fato, autores da própria história, conscientes de si e de seu papel no mundo, atentos sobre suas decisões e inteirados dos motivos pelos quais sua vida é de determinado jeito, e não de outro.
- Libertar os seres humanos dos velhos costumes enraizados, mediante o questionamento das realidades fixas e convenientes.
- Oferecer condições para o exercício do discernimento sobre o bem e o mal, sobre a mentira e a verdade, sobre o real e o ilusório.

Perceba como o papel da filosofia pode ser adaptado ao contexto organizacional: as correntes mencionadas na Alegoria da Caverna, de Platão, podem romper-se mediante o trabalho de reflexão e o exercício da crítica proporcionados pela filosofia. A superação das opiniões do senso comum, desprovidas de fundamento, podem se transformar em bom senso. O olhar muitas vezes restrito a problemas menores torna-se mais amplo e abrangente. A filosofia nos permite conhecer melhor a nós mesmos e ao outro com base nos diferentes modos pelos quais nos relacionamos com o conhecimento.

As empresas possuem um sistema de princípios fundamentais a partir dos quais se estabelecem as rotinas e as diretrizes organizacionais. Ao conjunto desses princípios norteadores chamamos de *filosofia empresarial*, a qual está sempre ancorada em um modelo ou uma concepção de mundo. Ele pode ser técnico, como no modelo mecanicista, ou ecológico, como na teoria da complexidade.

Para saber mais

Imagens da organização, de Garet Morgan
Recomendamos a leitura dessa obra de Garet Morgan, em especial o Capítulo 7, destinado à compreensão da Alegoria da Caverna de Platão em comparação com as organizações vistas como prisões psíquicas. É uma abordagem muito profunda e interessante sobre o significado das cavernas e suas implicações no contexto empresarial.

MORGAN, G. **Imagens da organização**. São Paulo: Atlas, 1996.

Matrix, por Larry Wachowski
O filme demonstra como a realidade pode ser apenas uma ilusão. Neo, personagem de Keanu Reeves, é escolhido para controlar o programa que controla e "produz" a realidade da Matrix e libertar os seres humanos de sua condição de ignorância.

MATRIX. Direção: Larry Wachowski; Andy Wachowski. EUA: Warner Home Video, 1999. 136 min.

O *show* de Truman: o *show* da vida, por Andrew Niccol
Truman Burbank (Jim Carrey) é um homem nascido em um programa de televisão do tipo *reality show*. Desde seu nascimento, sua vida foi transmitida 24 horas por dia para todo o mundo, sem seu conhecimento. Todas as paisagens conhecidas são montagens e cenários e as pessoas com quem se relaciona são atores. O filme demonstra o processo de tomada de consciência de Truman, a partir de quando passa a suspeitar da realidade/ilusão de sua vida.

O SHOW de Truman: o show da vida. Direção: Peter Weir.
EUA: Paramount Pictures, 1998. 103 min.

Nós que aqui estamos, por vós esperamos, por Marcelo Masagão

O documentário faz uma retrospectiva das grandes modificações sociais que marcaram o século XX, com ênfase tanto nos personagens que entraram para a história como nos homens comuns e no trabalho. Com uma visão humanista, as ilusões do homem do século XX são retratadas em meio às mudanças de concepção de mundo.

NÓS que aqui estamos, por vós esperamos. Direção: Marcelo Masagão. Brasil, 1998. 73 min.

O ponto de mutação, de Fritjof Capra

O físico austríaco afirma nesse livro que a sobrevivência saudável do homem e do planeta só acontecerá mediante uma nova educação do homem, uma nova alfabetização que leve em conta as relações de interdependência entre o homem, a sociedade e o ambiente.

CAPRA, F. **O ponto de mutação**: a ciência, a sociedade e a cultura emergente. 25. ed. São Paulo: Cultrix, 1982.

Paradigma da complexidade e teoria das organizações: uma reflexão epistemológica

Este ensaio é produto de uma reflexão acerca da epistemologia da complexidade e sua importância para a epistemologia da administração e para a teoria das organizações. Propõe-se a auxiliar na compreensão do seu surgimento, apontando seu potencial de contribuição para o avanço da epistemologia da administração e da teoria das organizações. Para tanto, em um primeiro momento, aborda o surgimento de uma epistemologia específica da administração e a necessidade de um novo olhar sobre ela. Em seguida, trata sinteticamente da epistemologia e do paradigma da complexidade, para então passar a discutir a relação e as contribuições potenciais desses conhecimentos para o avanço da reflexão epistemológica na administração e para o aperfeiçoamento das teorias organizacionais. Por fim, destaca algumas questões que surgem a partir dessa reflexão, em se tratando da possibilidade de adotar a epistemologia da complexidade para a realização de estudos organizacionais em uma perspectiva crítica.

Palavras-chave: paradigma, teoria da complexidade, teoria das organizações, epistemologia, pesquisa em administração.

SERVA, M.; DIAS, T.; ALPERSTEDT, G. D. Paradigma da complexidade e teoria das organizações: uma reflexão epistemológica. **RAE Revista de Administração de Empresas**, São Paulo, v. 50, n. 3, jul./set. 2010. Disponível em: <http://www.scielo.br/scielo.php?pid=S0034-75902010000300004&script=sci_arttext>. Acesso em: 27 abr. 2014.

Questões para revisão

1. A filosofia não pode ser considerada um conjunto de conhecimentos estanques, mas uma disciplina que está continuamente buscando o significado mais profundo do homem e do mundo. Podemos também citar como características do pensamento filosófico, **exceto**:
   a) a tentativa de elucidação do sentido da existência.
   b) sua apresentação como crença desvinculada da razão e da realidade.

c) a atividade reflexiva que leva à superação do senso comum.
d) a percepção no óbvio de inúmeras possibilidades inexploradas de compreensão do real.
e) a realidade que considera a importância dos mitos.

2. Assinale a alternativa que completa **corretamente** a sentença:
O filósofo _____ é quem dedica suas investigações à esfera da coletividade e busca soluções para os problemas da vida pública.
a) cientista
b) mago
c) político
d) crítico
e) metafísico

3. Assinale a alternativa que aponta **corretamente** as características da figura do filósofo comentador:
a) Dedica suas pesquisas ao trabalho e às investigações feitas por outros filósofos. Elenca os grandes pensadores e suas teorias, categoriza os pensamentos por eles estruturados e os cataloga para que outros possam fazer uso deles.
b) Empenha-se na busca pela verdade, com a crença de que ela poderá ser alcançada.
c) É quem interroga e problematiza questões fundamentais tanto com seus companheiros quanto consigo mesmo.
d) Interessa-se por todo tipo de saber, entende e procura saber a natureza e o funcionamento de tudo.
e) Sua busca se dá no sentido de uma sabedoria para além do mundo concreto e observável.

4. Qual visão organizacional é fundamentada no mecanicismo enquanto modelo ou concepção de mundo?
5. Que tipo de visão empresarial a teoria da complexidade na condição de modelo de mundo fundamenta?

Questões para reflexão

Analise o texto disponibilizado no *site* da empresa Alcoa sobre seu modelo de sustentabilidade. Estabeleça um comparativo entre os princípios expostos por essa instituição e a concepção de mundo baseada na teoria da complexidade.

Modelo Alcoa de Sustentabilidade

Na Alcoa, a sustentabilidade é definida como a aplicação de nossos valores para alcançar o sucesso financeiro, a excelência ambiental e a responsabilidade social, em parceria com todos os públicos de interesse, a fim de apresentar benefícios concretos de longo prazo aos nossos acionistas, funcionários, clientes, fornecedores e às comunidades onde atuamos.

O Modelo Alcoa de Sustentabilidade está alinhado ao modo como os negócios da companhia são conduzidos, garantindo que todas as unidades saibam como integrar o tema às suas operações e que os públicos de interesse compreendam como a sustentabilidade está ligada às principais estratégias da companhia.

Em 2010, foi criada uma Equipe Global de Sustentabilidade em nível executivo, com o objetivo de integrar a sustentabilidade nas estratégias de negócios. As primeiras ações da equipe foram revisar as metas da Estratégia Global de Sustentabilidade 2020 e desenvolver um novo conjunto de metas para orientar o progresso nos negócios até 2020/2030, tendo como ano-base 2005.

Vários integrantes da equipe Alcoa Brasil pertencem ao Comitê de Sustentabilidade Global. Eles contribuem para a elaboração de uma agenda corporativa sustentável mais ampla, garantindo que a abordagem de sustentabilidade global da companhia esteja de acordo às necessidades locais.

FONTE: Alcoa, 2014.

1. É possível estabelecer uma relação entre filosofia, aparência e mundo organizacional?

2. Com sua Alegoria, Sócrates pretendia incentivar as pessoas a sair da condição de ignorância e caminhar em direção à luz, ao saber. Para tanto, o pensador utilizou figuras de linguagem ou metáforas perfeitamente aplicáveis ao nosso tempo. Analise o que cada um dos elementos a seguir representa no contexto empresarial:
   a) A caverna
   b) As correntes
   c) Os prisioneiros
   d) O liberto
   e) A luz do sol

2

O conhecimento

Conteúdos do capítulo

- Conhecimento e filosofia.
- O conhecimento pela epistemologia.
- Empiristas e racionalistas: a apropriação do conhecimento.
- A "utilidade" do conhecimento.

Após o estudo deste capítulo, você será capaz de:

1. identificar a epistemologia como área ou disciplina filosófica;
2. compreender diferentes teorias sobre a apropriação do conhecimento – o empirismo e o racionalismo;
3. questionar a visão que garante que todo o conhecimento deve ter uma utilidade ou fim prático;
4. compreender que a administração possui uma epistemologia.

2.1 O significado de epistemologia

O conhecimento pode advir de uma experiência ou ser sinônimo de uma habilidade. Quando dizemos, por exemplo, que conhecemos alguma cidade, é porque já estivemos por lá, andamos pelas ruas e visitamos os pontos principais do local, ou seja, nosso conhecimento sobre a cidade adveio da experiência que tivemos nela. Já quando dizemos que temos habilidade com computação, por exemplo, significa que sabemos como lidar com um computador de modo prático. Também é possível ter habilidade em manipular uma máquina industrial, por exemplo, ou jogar futebol. Mas o conhecimento da máquina, do computador ou das regras do jogo foi apreendido de algum modo, ou seja, foi processado ou pelo campo teórico ou pelo campo da experiência. Todas as formas de conhecimento são objetos de estudo da epistemologia.

A epistemologia é, então, uma disciplina da filosofia que investiga questões como o que é conhecimento, como podemos conhecer alguma coisa ou qual é a diferença entre conhecer e acreditar. É possível afirmarmos que essas questões são tão antigas quanto a própria filosofia; é necessário também admitirmos que ainda não existem respostas satisfatórias ou completas. Mesmo assim, vamos investigá-las a partir de autores que propuseram interessantes abordagens sobre a origem do conhecimento.

2.2 Como conhecemos?

> *Aguardo, equânime, o que não conheço –*
> *meu futuro e o de tudo.*
> *No fim tudo será silêncio, salvo*
> *onde o mar banha nada.*
> Ricardo Reis (Fernando Pessoa)

No poema acima, um dos heterônimos do poeta português Fernando Pessoa expressa certa angústia sobre o que não pode conhecer. Há como imaginar, planejar o amanhã, o futuro, mas não há como conhecê-lo. Assim, podemos nos perguntar como podemos conhecer algo: qual é o conhecimento que temos sobre o ontem? O que sabemos sobre o hoje? Ou, ainda, o que sabemos sobre as coisas que estão ao nosso redor neste momento ou sobre nós mesmos ao ler este material? Que sei eu sobre mim?

Há tempos a filosofia lida com a questão do conhecimento a partir da investigação dos modos possíveis de apreensão da realidade. Muitos filósofos concordam que tudo pode ser conhecido, ao passo que outros creem que nada está ao alcance de nosso intelecto. Para organizarmos as impressões que temos da realidade, é necessário que haja, em primeiro lugar, um sujeito aberto à realidade – ou seja, que receba os estímulos do real – um objeto a ser investigado e possivelmente conhecido e, por fim, uma imagem que o sujeito faz do objeto em sua mente e que serve para elaborar uma opinião sobre o objeto.

Como exemplo da interação entre os sujeitos do conhecimento, podemos observar uma interessante obra de René Magritte.

Figura 2.1 – Pintura de René Magritte

Ceci n'est pas une pipe.

© Photothèque R. Magritte, Magritte, René/AUTVIS, Brasil, 2014.

Trata-se de um quadro no qual se vê a imagem de um cachimbo e, logo abaixo, a inscrição "Isto não é um cachimbo". O artista quer demonstrar que em sua tela não há um cachimbo, mas uma representação do que, na mente do artista, conhece-se por cachimbo. Ou seja, trata-se de uma imagem concreta (o quadro) da imagem mental do artista, mas o objeto (cachimbo) está ausente, por isso não pode ser fumado ou tocado por quem o está vendo. O artista alerta que o cachimbo não pode ser conhecido, pois, enquanto objeto em si, está ausente. Da mesma forma, não é possível conhecermos o perfume de uma rosa se alguém apenas nos contar sobre ele. Assim, o conhecimento se processa pela interação entre três elementos: o sujeito, o objeto e a imagem mental que o sujeito realiza do objeto apreendido. Vejamos agora de quantos tipos diferentes o conhecimento pode ser:

> O conhecimento se processa pela interação entre três elementos: o sujeito, o objeto e a imagem mental que o sujeito realiza do objeto apreendido.

- **Conhecimento de vida** – começa no momento em que nascemos e se estende ao longo de toda a vida. São os saberes que acumulamos sobre os modos possíveis de viver no mundo e que podem se alterar com o tempo, devido à soma de novas experiências. Por exemplo: na infância, aprendemos a ler e a escrever e aprimoramos essas habilidades ao longo da vida. Ou, ainda, na juventude elaboramos uma ideia do que é o mercado de trabalho; no entanto, na vida adulta, essa ideia pode se alterar conforme nossas experiências. Por esse motivo é que os anciãos são considerados mais sábios que os jovens – acumulam mais conhecimento durante a vida.
- **Conhecimento mítico** – é um conhecimento que não obedece aos princípios científicos, mas nem por isso deixa de ser essencial. Segue os princípios arquetípicos, pelos quais os símbolos míticos representam metáforas de situações reais e vívidas. Por exemplo, Sísifo é um personagem da mitologia grega que passa a eternidade cumprindo um castigo dos

deuses: ele precisa carregar uma grande rocha montanha acima; mas, quando chega ao topo, a rocha rola montanha abaixo e ele precisa refazer todo o trabalho novamente. Sísifo é a representação da sensação que todos temos quando estamos envolvidos em um trabalho árduo e moroso. Assim, o conhecimento mítico não é "fantasioso" no sentido de ser irreal, mas é metafórico, pois demonstra que as situações pelas quais passamos são comuns a todos os humanos.

- **Conhecimento teológico** – é a aceitação da compreensão de que a realidade sofre influência de seres divinos, de deuses ou de entidades supranaturais que se revelam aos seres humanos por intermédio de textos sagrados e/ou revelações ritualísticas. O conhecimento teológico não depende da razão, mas da fé.
- **Conhecimento filosófico** – é o conhecimento que se dá pela investigação acerca dos mais variados aspectos do real. Questões próprias da filosofia tratam, por exemplo, do sentido da vida, da natureza do ser humano, da relatividade do bem e do mal e do tempo. Como princípio metodológico, utiliza-se mais a elaboração de perguntas do que a construção de respostas. Por esse motivo, o conhecimento filosófico serve como ponto de partida para que as demais ciências construam suas compreensões de mundo. Por exemplo, quando a filosofia abre a pergunta "o que é o homem?", as áreas do conhecimento elaboram suas teorias próprias – para a psicologia, o homem é..., para a história..., para a medicina... Nenhuma das respostas dadas permanece no campo do conhecimento filosófico – só o que permanece é a pergunta.
- **Conhecimento científico** – baseado no uso da razão, o conhecimento científico se dá mediante a verificação e a comprovação sistemática e metódica do objeto de investigação. A realidade cósmica e humana é submetida a princípios lógicos que se transformam em leis. O conhecimento científico permite que o homem construa meios (instrumentos) a

partir dos quais possa agir, alterar e aprimorar a sua realidade. Graças ao desenvolvimento do conhecimento científico, podemos usar computadores ou medicamentos sofisticados. Infelizmente, esse conhecimento é também utilizado para a criação de instrumentos bélicos, ou se mantém a serviço do capital, criando apenas o que seja lucrativo.

2.3 O conhecimento na história da filosofia

Platão (427-347 a.C.) foi o primeiro pensador a se dedicar a questões pertinentes à natureza do conhecimento; posteriormente, destacam-se René Descartes e John Locke. Nos textos de Platão, encontramos um diálogo entre Sócrates e o personagem que dá nome a determinado texto, Teeteto. Eles conversam durante um longo tempo sobre a diferença entre a sabedoria e o conhecimento. Primeiramente, coloca-se a seguinte questão: o que é conhecimento?

Para auxiliar Teeteto a responder, Sócrates utiliza o método da **maiêutica**, ou seja, imita o ofício de sua mãe, que era parteira, e auxilia seus interlocutores a "darem à luz" ao conhecimento, ensinando-os, assim, a filosofar. Pela maiêutica, Sócrates demonstra como algo desconhecido se transforma gradativamente em algo conhecido.

> Pela maiêutica, Sócrates demonstra como algo desconhecido se transforma gradativamente em algo conhecido.

Como primeira tentativa de resposta, Teeteto afirma que o conhecimento se refere às coisas, como a carpintaria ou a geometria. Mas saber sobre a carpintaria ou a geometria não é o mesmo que saber sobre o conhecimento em si; é esse conhecimento que Sócrates pretende alcançar. Do mesmo modo, ter a sensação ou uma opinião sobre algo não é o mesmo que conhecer. Então, o que se pode conhecer e como?

O filósofo leva seu interlocutor à percepção de que ele não é capaz de diferenciar sabedoria e conhecimento. O conhecimento parte de uma confiança, uma convicção ou crença, e, assim, para uma pessoa saber de algo, ela precisa primeiro acreditar nisso. Não é possível conhecer aquilo em que não se crê, por isso não se produz conhecimento quando cremos em algo falso. Para que tenha validade, é preciso que o conhecimento corresponda a algo verdadeiro e que a verdade possa ser justificada. Assim, para Platão, há três condições básicas para que o conhecimento aconteça: a crença, a verdade e a justificação da verdade. O conhecimento está onde a crença, a verdade e a prova sobre a verdade se encontram. Só é possível afirmar que uma pessoa possui conhecimento verdadeiro de algo quando esse algo pode ser completamente justificado.

> O conhecimento está onde a crença, a verdade e a prova sobre a verdade se encontram.

Figura 2.2 – A incredulidade de São Tomé

Fonte: Caravaggio, 1601-1602.

Além da contribuição de Platão para a epistemologia, há ainda outras correntes filosóficas que discutem como o conhecimento pode ou não ser adquirido: o empirismo e o racionalismo.

Como podemos conhecer algo? Como ter certeza sobre o que conhecemos? A obra *A incredulidade de São Tomé*, de Caravaggio, demonstra São Tomé tocando a ferida de Jesus, para se certificar de sua morte, e nos conduz à seguinte reflexão: de que precisamos para acreditar em algo como verdade? Da experiência (empirismo) ou da razão (racionalismo)?

2.3.1 Os empiristas e a apropriação do conhecimento

Os filósofos empiristas defendiam que o ser humano nasce como uma tábula rasa, ou uma folha em branco, sendo, assim, um ser que não possui conhecimento anterior sobre nada. Esses filósofos se preocupavam com a comprovação daquilo que parecia real aos sentidos. Nessa abordagem, só podemos conhecer o mundo e as coisas por meio das experiências que nossos sentidos nos proporcionam, as quais imprimem conhecimentos na "folha em branco" que somos.

Vamos conhecer o método: elementos exteriores a nós provocam nossos sentidos – podemos vê-los, sentir sua textura, sua cor, seu cheiro e ouvir o som que provocam. Esses estímulos, separadamente, podem também ser chamados de *sensações*. Quando conhecemos um cavalo, por exemplo, distinguimos sua coloração, a localização de sua cabeça e de seu rabo, compreendemos seu cheiro, os sons que produz e a forma como se movimenta. Ao conhecer esse animal, então, sofremos uma série de sensações.

Ao conjunto de sensações chamamos *percepção*. Temos armazenadas em nossa mente uma série de percepções – árvore, cadeira, pessoa, gato etc. Essas percepções são frequentemente combinadas e associadas em nossa mente, como ilustra a afirmação "onde há fumaça, há fogo". Essa expressão faz sentido para alguém que já teve percepções tanto do fogo quanto da fumaça. Quando se retoma a primeira percepção (ver a fumaça), a segunda percepção (fogo) vem como uma tentativa de compreensão ou hipótese de justificativa da primeira, já que habitualmente a percepção da fumaça é acompanhada da percepção do fogo. É pela combinação de percepções habituais que produzimos as **ideias**. Para que a racionalidade seja capaz de produzir um pensamento, ela busca as ideias que ficaram armazenadas na **memória**.

> É pela combinação de percepções habituais que produzimos as ideias. Para que a racionalidade seja capaz de produzir um pensamento, ela busca as ideias que ficaram armazenadas na **memória**.

Assim, os pensadores empiristas acreditam que o conhecimento pode ser adquirido e produzido. O principal defensor do empirismo foi o filósofo inglês John Locke (1632-1704).

Apesar de os racionalistas admitirem que algum conhecimento pode ser derivado dos sentidos ou das emoções, eles desconfiam de toda e qualquer informação advinda dessas fontes, pois, como não possuem valor científico, podem facilmente enganar e conduzir ao erro.

Já o racionalismo é uma corrente de pensamento que nasceu no século XVII e questionou todas as verdades fixas e, até então, imutáveis, em geral ancoradas nas verdades inquestionáveis (dogmas) da igreja medieval. Para os que defendem o racionalismo, o conhecimento não advém dos sentidos nem da experiência. Para que seja verdadeiro, é preciso ser lógico e universalmente válido, assim como a matemática.

2.3.2 Os racionalistas e a apropriação do conhecimento

Os racionalistas acreditam que as habilidades de dúvida, pensamento e raciocínio dos seres humanos podem contribuir para a descoberta das grandes verdades universais. René Descartes (1596-1650), pensador francês, acreditava que somente a razão é capaz de conduzir os homens à verdade. Dedicou seus esforços no sentido de encontrar um conhecimento que fosse verdadeiro, capaz de sobreviver à dúvida e que oferecesse garantia de legitimidade absoluta. No intuito de encontrar esse conhecimento verdadeiro, ele criou um método que não dependia da experiência, como queriam os empiristas, nem das impressões dos sentidos. Para tanto, ele criou o método da dúvida metódica. Submeteu tudo o que conhecia à dúvida, começando pelo que aparecia a partir dos sentidos. Por exemplo, ao observarmos uma vara que está submersa na água até a metade de sua altura, temos a impressão de que está quebrada ou torta, quando, na verdade, não está. Assim, Descartes conclui que, se nesse simples exemplo os sentidos podem nos enganar, devemos duvidar deles sempre.

Além dos sentidos, Descartes duvidava também da memória, pois nossas recordações podem ser modificadas por emoções ou traumas. Duvidava da imaginação, pois não é uma representação da realidade, e duvidava da própria realidade, já que ela poderia não ser mais do que um sonho. Quando sonhamos, não sabemos que estamos sonhando; o que vivemos durante o sonho parece tão real quanto a realidade de quando estamos acordados e conscientes. Assim, como saber a diferença? Como acreditar em algo, se tudo o que existe parece falso, inclusive a realidade?

Quando Descartes percebeu que só o que restava intacto ao seu método era a sua própria capacidade de duvidar, o filósofo desenvolveu sua máxima *"cogito ergo sum"*, ou "penso, logo existo". Pensar e raciocinar seria a única constatação verdadeira que possuímos; ela torna-se o princípio sobre o qual se desenvolveria toda a teoria filosófica. A razão seria de caráter universal, uma vez que todos podem usufruir dela em qualquer tempo ou espaço.

Em função da abrangência de seu método e de suas conclusões, Descartes foi considerado o pai do racionalismo moderno. Enquanto corrente de pensamento, o racionalismo acreditava que a razão humana era capaz de ir além das impressões físicas e superficiais da realidade e acessar o conhecimento das grandes verdades universais. O racionalismo é a corrente que mais se aproxima das ideias de Platão sobre a aquisição do conhecimento, como vimos no diálogo com Teeteto. Muitos outros pensadores modernos também defenderam esse princípio, qual seja:

> *Por racionalista entendo um homem que deseja compreender o mundo e aprender através da discussão com outros homens. (Nota-se que eu não digo que um racionalista sustente a teoria errada segundo a qual os homens são totalmente ou parcialmente racionais). Por "discutir com os outros" entendo, mais em especial, criticá-los; solicitar a crítica deles; e tentar aprender com isso.* (Dias, 1992, p. 53)

É importante destacar que o advento do racionalismo na Idade Moderna foi de extrema importância para a afirmação de um homem livre das imposições dogmáticas da Igreja Medieval. Hoje, na pós-modernidade, o racionalismo encontra as exigências próprias de nosso tempo e, por isso, a mera dicotomia entre empirismo e racionalismo não é suficiente para resolver a questão do conhecimento. Vamos ver o significado de ceticismo e dogmatismo, que são outros modos de relação com o conhecimento – o primeiro duvida do conhecimento enquanto o segundo o tem como absoluto.

2.3.3 O ceticismo e o dogmatismo

Ceticismo é a compreensão de que não há possibilidade de conhecimento absoluto. Para os céticos, a razão humana nada pode conhecer verdadeiramente, pois não é possível ter certeza sobre nada, uma vez que o conhecimento que construímos de algo não é mais que uma opinião, uma percepção subjetiva não válida coletivamente. O principal instrumento utilizado pelos céticos é a dúvida: duvidam de todas as coisas concretas e abstratas e demonstram que nada é real. O pioneiro dessa tendência foi o grego Pirro (360-270 a.C.), que afirmava que toda opinião ou julgamento sobre as coisas deve ser suspenso. O ceticismo inspirou Descartes e, em grande parte, a atitude crítica da filosofia contemporânea.

Já *dogmatismo* é o pensamento a partir do qual se dá a crença em verdades absolutas. Um dogma é uma verdade dada como absoluta e indiscutível, mesmo que tal compreensão seja improvável do ponto de vista da ciência. O termo *dogmático* foi criado pelos seguidores de Pirro e utilizado como contraponto para suas ideias. A virgindade de Maria, por exemplo, é um dogma, pois é tratada pela Igreja como verdade absoluta, mesmo que cientificamente não seja possível uma mulher engravidar sem que um óvulo seja fecundado por um espermatozoide.

> O dogma é uma forma de fundamentalismo.

O dogma é uma forma de fundamentalismo, uma vez que não cabem contradições ou dúvidas em seus princípios – os questionamentos podem ser vistos como agressões aos princípios de fé de quem os adota para si.

2.4 A epistemologia e a administração

A epistemologia investiga a caracterização e os limites próprios do conhecimento. No caso da administração, faz-se necessário identificar seu objeto, de modo que a natureza deste possa ser investigada à luz do embate entre o empirismo e o racionalismo. É sabido que a administração lida diretamente com uma atividade humana: a capacidade de elaborar objetivos comuns e, estrategicamente, realizá-los. Por mais que a característica fundamental da administração se aproxime de uma ciência social (por se tratar de uma atividade humana), é correto entender que existe uma cientificidade própria da administração derivada do uso da razão.

Para esclarecermos esse ponto, é necessário antes compreender com o que, especificamente, a administração se ocupa atualmente. Para tanto, recorremos ao pensamento de Chiavenato (2003, p. 11):

> *A tarefa atual da Administração é a de interpretar os objetivos propostos pela organização e transformá-los em ação organizacional através do planejamento, organização, direção e controle de todos os esforços realizados em todas as áreas e em todos os níveis da organização, a fim de alcançar tais objetivos da maneira mais adequada à situação.*

Chiavenato (2003) afirma que houve modificações no objeto da administração ao longo do tempo. Esse objeto passou do foco nas tarefas realizadas pelos operários no chão da fábrica para a concepção de estrutura a partir de Fayol, considerando ainda a Teoria da Burocracia de Weber. Após esse período, houve uma preocupação em acolher como objeto de estudo da administração o elemento humano/humanizador; assim, a ênfase recaiu sobre a Teoria das Relações Humanas ou, ainda, a Teoria Comportamental. Considerando as lacunas ainda existentes no objeto da administração, surge o ambiente e, por fim, a tecnologia. Dessa forma, os objetos de estudo da administração passam pelos elementos assim apontados por Chiavenato (2003): tarefas, estrutura, pessoas, ambiente e tecnologia.

A abordagem epistemológica que podemos fazer a partir das ciências da administração se dá no sentido de elucidar e compreender esses objetos. Verificamos que eles se revestem de um caráter eminentemente racionalista. Veja: espera-se que a estrutura administrativa, tanto os elementos humanos quanto o conjunto de normas hierárquicas e estruturais, seja perfeitamente lógica e funcional dentro de determinada expectativa de qualidade – esse é o meio racional para que certo empreendimento alcance os objetivos traçados. Por essa ótica, a administração tem como objetivo maior conduzir o homem para a realização dos próprios projetos.

> A administração tem como objetivo maior conduzir o homem para a realização dos próprios projetos.

É possível compreender que a administração é um método eficiente para o alcance de metas, e que a eficiência se dá pelo uso de conceitos precisos, mas, também, abstratos, que fazem sentido e encontram lugar apenas no cumprimento de seus objetivos. São notórios também todos os avanços e todas as conquistas que o uso do racionalismo proporcionou para a ciência moderna. O problema relacionado à imbricação entre o racionalismo e a administração é o abandono dos princípios espirituais e intuitivos e a visão mística de mundo, que pode contribuir para uma dissociação entre a ética e a administração. O racionalismo é um princípio exato; a crítica pós-moderna que se faz é que ele pode gerar um comportamento organizacional meramente utilitarista[1].

Horkheimer e Adorno (1985) realizam duras críticas ao uso da razão meramente instrumental no campo da gestão organizacional, uma vez que, para eles, todos os esforços do campo administrativo estão voltados para o sucesso no mercado.

No período entendido como Iluminismo, o uso da razão acarretou o desencantamento do mundo. Enquanto a natureza aparecia ao homem como imbuída de mistério e sacralidade, a interação com ela se dava mediante respeito, temor, apelo e identificação. O uso da racionalidade fez com que o ser humano acreditasse ter superado a compreensão mítica da natureza e da própria existência, de modo a ver desvendados todos os mistérios e respondidas todas as questões existenciais. O sentimento de poder e força que o ser humano experimentou mediante o uso de sua racionalidade fez com que surgisse o desejo de dominação do outro e da natureza, transformando-os em meros objetos ou instrumentos utilizáveis para o aprimoramento da própria razão. A racionalidade, agora compreendida como razão instrumental, transforma tudo em coisa, em objeto manipulável.

A unificação da função intelectual, graças à qual se efetua a dominação dos sentidos, a resignação do pensamento em vista da produção da unanimidade, significa o empobrecimento do pensamento bem como da experiência: a separação dos dois domínios prejudica a ambos. A limitação do

---

[1] Trataremos especificamente da ética utilitarista no Capítulo 3.

> *pensamento à organização e à administração, praticada pelos governantes desde o astucioso Ulisses até os ingênuos diretores gerais, inclui também a limitação que acomete os grandes tão logo não se trate mais apenas da manipulação dos pequenos.* (Adorno; Horkheimer, 1985, p. 19)

O problema do uso da razão está na perda da fronteira entre conhecimento e dominação. Conhecemos para mapear e identificar os melhores caminhos que nos conduzem à realização das metas e para desenvolver tecnologias que prolongam e qualificam a vida individual e coletiva. Conhecemos para descobrir novas possibilidades de viver uma vida confortável, digna e justa, sem que para isso nenhuma vida sofra qualquer tipo de prejuízo. A razão instrumental aparece no momento em que o ser humano deseja o conhecimento com vistas à dominação e ao controle do outro e da natureza.

É nesse contexto de cegueira – proporcionada pela ilusão de poder a partir do uso da razão instrumental – que podemos entender o último elemento apresentado por Chiavenato (2003), o da tecnologia.

2.4.1 Sobre a "utilidade" do conhecimento

Você já ouviu falar de Mark Boyle, um polêmico jovem irlandês, formado em administração de empresas? A história de vida desse rapaz chama a atenção pela forma como ele se apropriou dos conhecimentos adquiridos na universidade e como os utilizou para realizar uma grande e nova leitura de mundo, transformando sua própria vida.

Vamos aos fatos: Boyle mora no sudoeste da Inglaterra em um *trailer* que ganhou em um *site*. Pelo direito de estacionar o *trailer* e em troca de um pedaço de terra para plantio de subsistência, ele trabalha três dias por semana em uma fazenda local. Para comer, planta legumes e cozinha-os em uma lata. Toma banho em um rio e utiliza uma fossa séptica que construiu ao lado do seu trailer. Desde os 29 anos, Boyle vive sem dinheiro.

Em uma leitura superficial, poderíamos pensar: o que teria acontecido a Boyle? Após ter cursado administração na universidade, é possível imaginar que ele é um administrador malsucedido, certo? Ele deve ter encontrado dificuldades em se inserir em um mercado de trabalho cada vez mais competitivo e excludente, talvez porque sua formação acadêmica tenha sido insatisfatória e ele não tenha adquirido os conhecimentos necessários para manter-se à altura dos concorrentes.

Na verdade, Boyle é um administrador que decidiu ressignificar o modo como se relacionava com o dinheiro, o consumo e o desperdício. Ficou conhecido mundialmente pelas ideias que propaga em seu *blog* – *The Moneyless Manifesto*. Ele tem acesso ao *blog* porque seu computador funciona com energia solar e sua conexão com a internet é feita em troca de serviços em uma fazenda. Ele não se considera malsucedido, pois escolheu mostrar ao mundo que o modo como se encaminha a economia de mercado no mundo ocidental pode arruinar a vida de todos. Aos demais, as atitudes de Boyle soam absurdas e contraditórias. Como alguém pode querer viver sem o conforto de um sofá reclinável, sem automóvel, cosméticos ou *status*? Pois assim ele vive. Há outro detalhe: ele disse que o primeiro ano que passou sem dinheiro foi o melhor de sua vida.

O exemplo de Boyle nos ajuda a compreender a relação que estabelecemos com o conhecimento. Ele frequentou a universidade, onde se apropriou de conhecimentos elaborados pelos homens ao longo da história da humanidade. Utilizou os conhecimentos que adquiriu para fazer uma leitura de mundo e transpor os limites da própria realidade.

> **Você é formado em administração de empresas. Isso tem alguma coisa a ver com o rumo que tomou?**
>
> **Boyle:** Claro. Compreender como tudo funciona foi muito crucial. Quanto mais você entende de economia e dos processos envolvidos, mais você percebe que é insustentável. Durante 4 anos estudando economia, eu nunca ouvi falar do mundo real. Ninguém fala de pessoas, solo, oceanos, florestas. Só aprendemos teorias e equações, sem nos importar com o mundo real e com o fato de o estarmos destruindo. Isso me deu uma ideia das falhas básicas do nosso modelo econômico. O que estou tentando fazer é criar uma nova história, explorar um novo modelo que não seja tão dependente do dinheiro, baseado na comunidade e na relação com a terra.

Fonte: Rosa, 2013.

Há diversos modos pelos quais um ser humano é capaz de adquirir conhecimento. Um médico o obtém na universidade, onde lê e pratica o que já foi construído e acumulado por outros estudiosos antes dele. Um indígena transmite seu conhecimento sobre a natureza e as plantas curativas de pai para filho e ambos são curadores, cada um a seu modo.

Como alcançar o conhecimento, o que é e qual o seu significado são questões próprias do campo da **epistemologia**. Assim como Mark Boyle utilizou os conhecimentos adquiridos na universidade para alertar o mundo sobre uma possibilidade alternativa de vida, em cada indivíduo reside a decisão: o que fazer com o conhecimento que me é disponível? Mas essa questão pertence ao âmbito da ética, que é o conteúdo do próximo capítulo.

Leitura complementar

No texto a seguir, Horkheimer apresenta os riscos e os perigos da razão instrumental.

Tendo cedido em sua autonomia, a razão tornou-se um instrumento. No aspecto formalista da razão subjetiva, sublinhada pelo positivismo, enfatiza-se a sua não referência a um conteúdo objetivo; em seu aspecto instrumental, sublinhado pelo pragmatismo, enfatiza-se a sua submissão a conteúdos heterônomos. **A razão tornou-se algo inteiramente aproveitado no processo social. Seu valor operacional, seu papel de domínio dos homens e da natureza tornou-se o único critério para avaliá-la.** Os conceitos se reduziram à síntese das características que vários espécimes têm em comum. Pela denotação da semelhança, os conceitos eliminaram o incômodo de enumerar qualidades e servem melhor assim para organizar o material de conhecimento. São pensados como simples abreviações dos itens a que se referem. Qualquer uso dos conceitos que transcenda a sumarização técnica e auxiliar dos dados factuais foi eliminado como um último vestígio de superstição. Os conceitos foram "arodinamizados", racionalizados, tornaram-se instrumentos da economia de mão-de-obra. É como se o próprio pensamento tivesse se reduzido ao nível do processo industrial, submetido a um programa estrito, em suma, tivesse se tornado uma parte e uma parcela da produção. Toynbee descreveu algumas das consequências desse processo no ato de escrever a História. Ele fala da "tendência para o oleiro tornar-se escravo do seu barro... No mundo da ação, sabemos como é desastroso tratar animais ou seres humanos como se eles fossem paus ou pedras. Por que devíamos supor que esse tratamento fosse menos equivocado no mundo das ideias"?

Quanto mais as ideias se tornam automáticas, instrumentalizadas, menos alguém vê nelas pensamentos com um significado próprio. São consideradas como coisas, máquinas. A linguagem tornou-se apenas mais um instrumento no gigantesco aparelho de produção da sociedade moderna. Qualquer sentença que não seja equivalente a uma operação nesse aparelho parece a um leigo tão sem sentido como pareceria aos semanticistas contemporâneos, os quais sugerem que a sentença puramente simbólica e operacional, isto é, a sentença puramente sem sentido, faz sentido. O significado é suplantado pela função ou efeito no mundo das coisas e eventos. Desde que as palavras não sejam usadas de modo evidente para calcular tecnicamente probabilidades adequadas ou para outros propósitos práticos, entre os quais se inclui o recreio e a distração, arriscam-se a serem suspeitas de alguma espécie de interesse comercial, pois a verdade não é um fim por si mesmo.

Fonte: Horkheimer, 2002, p. 26-27, grifo nosso.

Síntese

Neste capítulo vimos que a epistemologia é uma disciplina da filosofia que investiga questões relativas ao significado, às formas de apropriação e aos possíveis usos do conhecimento. Analisamos as diferenças existentes entre os tipos de conhecimento e vimos que o embate entre racionalistas e empiristas ainda não foi totalmente superado, sendo que, no que tange ao conhecimento e à sua justificação, não há meios para se afirmar a supremacia de um método sobre outro. O conhecimento pode ser utilizado tanto para ressignificar práticas injustas e desumanas quanto para o exercício do poder e da manipulação.

Para saber mais

O homem sem grana, de Mark Boyle

O economista Mark Boyle relata sua experiência em passar um ano sem precisar gastar dinheiro. Ele conta como fez para morar, alimentar-se e manter hábitos adequados de higiene pessoal sem gastar nada. Seu objetivo é demonstrar que é possível viver sem depender das tramas e situações quase que prisionais do sistema econômico atual.

ROSA, G. Mark Boyle, o homem que vive sem dinheiro. **Pragmatismo Político**, 15 out. 2013. Disponível em: <http://www.pragmatismopolitico.com.br/2013/10/mark-boyle-homem-vive-dinheiro.html>. Acesso em: 14 jul. 2014.

Questões para revisão

1. Baseado no uso da razão, o _____ se dá mediante a verificação e a comprovação sistemática e metódica do objeto de investigação.
   a) conhecimento filosófico
   b) conhecimento de vida
   c) conhecimento mítico
   d) conhecimento teológico
   e) conhecimento científico

2. Assinale **V** para as alternativas **verdadeiras** e **F** para as **falsas**. Em seguida, indique a sequência **correta**:
   ( ) Teeteto afirma que o conhecimento se refere às coisas que podemos saber. Por exemplo, podemos aprender a carpintaria ou a geometria. Mas Platão reforça que dominar essas técnicas não é o mesmo que saber o conhecimento em si.
   ( ) Platão afirma que o conhecimento pode acontecer mesmo quando cremos em algo falso. Basta acreditar para que o conhecimento seja justificado.
   ( ) Em Platão, o conhecimento parte de uma confiança, uma convicção ou crença, mas necessita de uma justificação (prova) para que tenha validade.
   ( ) Para Platão, há três condições básicas para que o conhecimento aconteça: a crença, a verdade e a justificação da verdade.
   a) F, F, V, V
   b) V, F, V, V
   c) V, V, F, V
   d) F, F, V, F
   e) V, V, F, V

3. Assinale a única alternativa que descreve **corretamente** as características do empirismo:

a) Os empiristas não creem que o conhecimento seja possível. O fundador do empirismo foi o grego Pirro, e seus seguidores eram chamados de *céticos*.

b) O empirismo é um método eficiente para o alcance de metas, cuja eficiência se dá pelo uso de conceitos precisos e/ou abstratos, que fazem sentido e encontram lugar apenas no cumprimento de seus objetivos.

c) Empirismo é uma disciplina da filosofia que investiga as seguintes questões: o que é o conhecimento? Como podemos conhecer alguma coisa? Qual é a diferença entre conhecer e acreditar?

d) Para os empiristas, as ideias se formam pela combinação das percepções que temos habitualmente e que foram armazenadas pela memória, enquanto o conhecimento advém dos sentidos ou da experiência.

e) Os empiristas acreditam que para que o conhecimento seja verdadeiro é preciso ser lógico e universalmente válido, assim como a matemática.

4. Quais são os problemas que Horkheimer identifica no uso da razão instrumental?

5. Quais são os cuidados que a administração enquanto ciência precisa ter para que não se transforme em mera razão instrumental?

Questão para reflexão

O diagrama a seguir demonstra a Teoria do Conhecimento de Platão. Descreva o diagrama e reflita sobre a importância de uma crença obter justificação. Pense: como o mundo organizacional poderia aproveitar essa teoria?

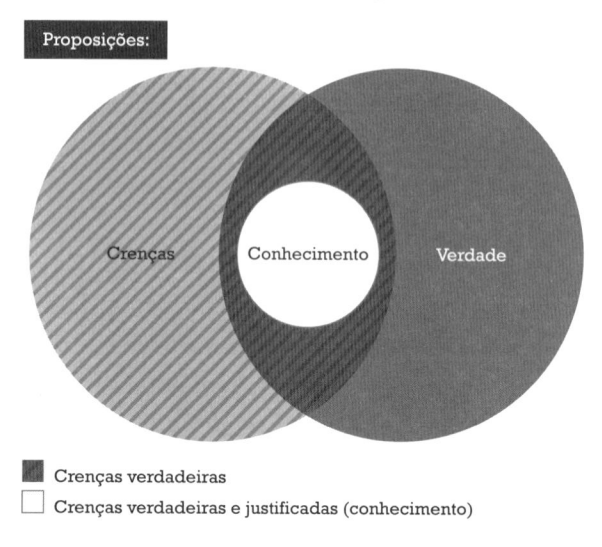

Proposições:

Crenças — Conhecimento — Verdade

■ Crenças verdadeiras
☐ Crenças verdadeiras e justificadas (conhecimento)

3

Enraizamento filosófico da ética empresarial

Conteúdos do capítulo

- O problema da ética nas organizações.
- Definição de ética.
- Ética e a natureza humana.
- Ética e filosofia: um percurso histórico.

Após o estudo deste capítulo, você será capaz de:

1. compreender o significado filosófico de ética e sua evolução histórica – da ética aristotélica ao biocentrismo;
2. perceber a necessidade de a teoria da administração manter um contato investigativo permanente e atualizado com os princípios da ética;
3. apropriar-se da investigação filosófica acerca da bondade ou maldade da natureza humana;
4. identificar o perfil narcisista de alguns administradores e perceber o problema ético nas organizações.

3.1
Os executivos narcisistas e o problema da ética nas organizações

Muitas das definições mais comumente encontradas sobre a moral são, em sua maioria, concordantes. A concordância está no ponto em que o conceito aparece como um conjunto de reflexões e ajuizamentos que uma pessoa ou um grupo possui no que se refere ao comportamento individual e coletivo. De modo geral, as definições sobre moral possuem sempre uma justificação em uma determinada visão de homem e de mundo, com a função de orientar a ação humana e organizar as relações entre os homens. Assim, a moral tem a tarefa de manter pacífica e tolerável a convivência entre os homens em sociedade, o que se dá pelo estabelecimento de um pacto e/ou de regras e normas de conduta. Compreendemos que é na vida coletiva que a moral encontra justificação e, por assim dizer, faz sentido. Quando a moral de um grupo torna-se obsoleta ou entra em crise, é necessário repensar e reconfigurar o que é, o que precisa deixar de ser moral e o que passará a ser. Esse repensar, como vimos, está no campo da ética.

O professor Jean-François Chanlat, da Escola de Altos Estudos Comerciais (Canadá), estudou as relações contemporâneas de trabalho sob o olhar da ética. Diante de suas considerações, ele afirma a urgência em se fazer uma reflexão ética no campo das organizações. Ele garante que, cada vez mais, atitudes egocêntricas são o mesmo que atitudes antiéticas, uma vez que ferem o princípio do bem da coletividade. Reflete ainda que é cada vez mais frequente ver jovens executivos demonstrarem atitudes que promovem unicamente o enaltecimento de sua própria imagem em detrimento do bem-estar coletivo, do ambiente ou da própria organização.

> A celebridade repentina e frequentemente efêmera escande a vida daqueles que querem ser bem-sucedidos. As realizações de qualquer um se tornam menos importantes que sua reputação ou a publicidade que se faz dela. No tempo da sociedade do espetáculo, onde o indivíduo deve vender uma imagem, algumas pessoas parecem ter tendência a se mobilizar cada vez mais por ela.

Fonte: Chanlat, 1992, p. 70.

Desse modo, é urgente que a discussão sobre a ética reencontre um lugar, tanto na academia quanto nas organizações. Chanlat (1992) afirma que o interesse por si próprio e pela construção de uma imagem de sucesso sobrepostos aos interesses coletivos e ambientais é um panorama derivado da ideia de sociedade individualista ou narcísica. Diferentemente de realizar um trabalho "de si para consigo", o indivíduo narcisista depende da aceitação coletiva para experimentar a satisfação de si.

> **Mito de Narciso**
>
> Quem é Narciso? Dotado de uma grande beleza, o jovem Narciso vivia na região da Boécia. No momento de seu nascimento, um oráculo proferiu as seguintes palavras: "terá uma vida longa e feliz, desde que não se conheça." Conta o mito que certo dia o jovem Narciso se deparou com sua imagem refletida nas águas de um lago. Ele ficou deslumbrado diante de tanta beleza, apesar de não ser capaz de distinguir se a imagem era dele mesmo ou de outra pessoa.
>
> O sentimento que ele nutria por aquela imagem no lago era tão profundo que o mantinha paralisado diante da vida. Ele enfraqueceu na beira do lago e definhou até a morte. Após levarem seu corpo, nasceu ali uma flor, conhecida por nós como *flor de Narciso*.
>
> Como nos conta o mito, Narciso não sabia que aquela era a sua própria imagem, porque ele não se conhecia. Só com o tempo ele passou a reconhecer a si mesmo; contudo, como já não era capaz de amar nada diferente de si mesmo, acabou perdendo-se.

Interessar-se por si é uma grande virtude. É muito importante que cada um conheça a si mesmo, suas fraquezas e grandezas. Mas esse interesse transforma-se em um problema ético a partir do momento em que a esfera do outro não é igualmente considerada. O narcisista não deseja se colocar como um sujeito que tem no outro um espelho de humanização – ele se fecha sobre sua própria imagem refletida no lago. Só o que vê é sua imagem pública e nada mais lhe importa.

> *No plano individual, toda ação em um conjunto organizado deveria se assentar, para tomar emprestada uma expressão de Paul Ricoeur, num triplo interesse: o interesse por si próprio, o interesse pelos outros, o interesse pela instituição.* (Chanlat, 1992, p. 70)

Não há dissociação entre atitudes individuais e coletivas. Cada ação encontra reflexo tanto no grupo quanto no ambiente coletivo. Por mais que o executivo narcisista não queira ou não perceba, sua postura em relação ao outro cria uma atmosfera pouco propícia à convivência. Da mesma forma, as decisões que visam unicamente ao bem-estar da empresa em detrimento dos fatores ambientais ameaçam nosso planeta. A falta de interesse pelo ambiente tem gerado grande devastação ambiental. "A preocupação ecológica aparece como uma necessidade imperiosa", afirma o professor Chanlat (1992, p. 72).

Diante das angústias postas pelo autor, podemos pensar a filosofia como o lugar onde a discussão acerca da ética e dos fundamentos éticos de nossas ações pode acontecer. Para tanto, buscaremos responder algumas questões: o homem narcisista é mau? O homem é mau por natureza e por isso perde a referência do outro e mantém-se alheio aos assuntos coletivos? O homem é bom por natureza e o meio (mercado de trabalho, possibilidades de ascensão e enriquecimento) o torna mau? Após essas investigações, revisitaremos o significado de *ética*, traçaremos um breve panorama histórico do conceito, para, enfim, encontrarmos possíveis explicações para o que ocorre com os executivos narcisistas da contemporaneidade.

3.2 O que é ética?

A palavra *ética* é de origem grega (*ethos*) e pode apresentar dois significados: refere-se inicialmente à ideia de morada, habitação; é também a descrição dos costumes de um povo ou nação. Assim, ao comportamento peculiar do homem ocidental chamamos *ethos ocidental*. Ética significa ainda o modo de ser de certa pessoa, seus hábitos que determinam grandemente seu "caráter". Foram os romanos que traduziram o *ethos* grego para o latim com a palavra *mores*, que significa *costume*. Daí surgiu a palavra *moral*. Tanto *ethos* quanto *mores* significam um comportamento adquirido no contexto cultural e adaptado novamente à cultura. É algo que precisa ser adquirido e ensinado até que se transforme em um hábito comum, já que não se trata de algo inato.

A mera distinção dos conceitos ética e moral e sua investigação etimológica não revelam a diferença que eles possuem entre si. Moral diz respeito ao conjunto de condutas de determinada comunidade, e a ética é o estudo reflexivo e filosófico que se faz sobre essas atitudes; ou seja, a ética é o estudo que se faz sobre a moral e a conduta dos sujeitos.

Para esclarecer a diferenciação entre os termos, considere a situação a seguir e responda: qual é o problema ético apresentado?

> Um homem invade uma reserva florestal em busca de um tipo específico de árvore. Ao localizá-la, retira alguns pedaços de sua casca e os utiliza para fazer um medicamento para a esposa que está acamada. Ao voltar no dia seguinte

em busca de mais matéria-prima para o remédio da mulher, ele acaba preso por violar a lei ambiental de proteção às árvores nativas.

A atitude desse homem é considerada ilegal sob o ponto de vista da lei ambiental, o que justifica sua prisão. Mas, tendo em vista que ele estava em busca de recursos para assegurar a saúde da esposa, sua atitude pode ser considerada moral? Quando a filosofia se depara com uma questão como essa, ela busca compreender qual noção de justiça serve de fundamento para as leis elaboradas pelos homens. Ou seja, quão justas são as leis? Quais são as razões implicadas no que chamamos de certo ou errado? Assim, tanto a atitude do homem quanto a atitude da justiça que decretou sua prisão estão no campo da moral, enquanto a reflexão que fazemos sobre essas atitudes está no campo da ética. A ética, portanto, é a investigação sobre a ação moral. As investigações da ética podem recair sobre duas esferas: a normativa ou a aplicada.

- **Ética normativa:** esse princípio reflete e busca compreender as causas, as consequências, as justificações e os fundamentos das condutas adotadas por determinados grupos sociais. Trata-se de entendimento teórico sobre valores aceitos socialmente. São questões da ética normativa: o que impulsiona os indivíduos a agirem de uma forma e não de outra? O que torna uma pessoa boa ou má? Quais são os valores que conduzem a uma vida boa? Como devemos agir para viver bem?
- **Ética aplicada:** busca compreender questões que surgem no cotidiano mais prático e imediato, como aquelas relacionadas à bioética: a eutanásia, a conduta diante da anencefalia ou de descobertas genéticas a partir da

manipulação de células-tronco estão no âmbito de investigação da ética aplicada. São ainda questões próprias da ética aplicada: em quais casos o aborto é considerado legítimo? Uma mãe tem o direito de abortar um feto anencefálico? Uma jovem que engravidou vítima de um estupro tem o direito de realizar o aborto?

3.2.1 Em seu estado de natureza, o homem é bom ou mau?

Hobbes (1588-1679) e Rousseau (1712-1778) foram filósofos **contratualistas**, ou seja, ambos defendiam que a vida harmônica e pacífica em sociedade depende de contratos (daí o nome *contratualismo*) a serem elaborados, organizados e estabelecidos como normas pelos homens. Tanto a moralidade quanto a política são formas que os indivíduos encontram de estabelecer um contrato coletivo ou social, um código de conduta organizado e fiscalizado por um estado civil organizado. Esses autores divergem apenas quanto à compreensão em relação ao homem ser bom ou mau em estado de natureza – isto é, antes de ser inserido no âmbito social.

> **Rousseau:** o homem em seu estado natural, ou seja, antes de conviver em sociedade, era bom, pois vivia na natureza e sobrevivia nela. O outro não era visto como uma ameaça, pois tudo era de todos. Com a propriedade privada, o homem passou a se apropriar da natureza, construiu uma cerca e delimitou um espaço que chamou de seu, uma árvore

que era sua, seus animais etc. Assim, a figura do outro no contexto da propriedade privada é uma ameaça, pois pode retirar de mim o que considero meu. Assim, o homem passou do seu estado de natureza, no qual era bom e calmo, para o estado civil (que caracteriza a vida em sociedade), no qual se tornou egoísta e mau. É de Rousseau a célebre frase "o homem é bom, mas a sociedade o corrompe".

Thomas Hobbes: acreditava que o homem, em seu estado natural, vivendo sem regras, vive um grande caos. Ele defendia que cada indivíduo muito provavelmente utilizaria a força e a violência e que, em seu estado de natureza, os homens estariam o tempo todo em guerra uns contra os outros. Ou seja, "o homem é o lobo do homem".

Para conter o homem em seu estado de natureza e domesticar o "lobo" em estado de selvageria, o homem precisou, uma vez dominada a linguagem, estabelecer modos de cooperação. Para administrar esses acordos, é necessário o Estado, uma instituição que garanta a ordem e o cumprimento dos acordos estabelecidos entre os indivíduos.

O Leviatã: uma criatura com cabeça de homem e corpo formado por milhares de outros pequenos homens ergue-se por trás de uma cidade organizada.

Ele usa uma coroa e tem nas mãos um cetro e uma espada. O Leviatã (que, no Antigo Testamento, é representado como um monstro marinho) é a descrição feita por Hobbes do poder e da soberania que possui o povo unido e organizado.

Figura 3.1 – O Leviatã

LEGENDA: Detalhe da capa da obra *Leviatã*, de Thomas Hobbes. Londres: Andrew Crooke, 1651. Holmes Collection, Rare Book and Special Collection Division, Library of Congress.

Leviatã é o nome da mais conhecida obra de Thomas Hobbes. Para ele, o Estado possibilita e garante a vida pacífica em sociedade, na qual cada indivíduo ou cidadão é parte do chamado *contrato social*. A partir desse contrato, o homem precisa renunciar seu direito a tudo (pois, no estado natural, tudo é de todos) e aceitar que é seu apenas o que estiver combinado entre os demais. Thomas Hobbes, nascido na Inglaterra no século XVII, afirma que, ao superar seu estado de natureza, o homem passa a viver uma existência inteligente, racional, nobre e criativa.

3.2.2 Ética aristotélica

> *Como um bravo que, há muito, já se preparava,*
> *como convém a quem é digno desta pólis,*
> *aproxima-te – não hesites – da janela*
> *e escuta comovido, porém*
> *sem pranto ou prece pusilânime,*
> *como quem frui de um último prazer, os sons,*
> *os soberbos acordes do místico tíasos:*
> *e saúda Alexandria, enquanto a estás perdendo.*
> Konstantinos Kaváfis (2012)

Foi na Grécia Clássica que a questão sobre a ética apareceu como meio a partir do qual se poderia viver uma vida feliz, que valia a pena ser vivida. A ética na qualidade de campo de investigação filosófica sempre buscou saídas para o problema das relações entre os homens. Por isso, a discussão sobre o certo ou o errado, o bem e o mal sempre estiveram na pauta dos pensadores desde o nascimento da filosofia no ocidente. Na Grécia Antiga, Aristóteles dava ênfase ao homem político, ou seja, àquele que vivia na pólis.

Na Grécia Clássica, *pólis* significava *um território de uso comum*, como o que hoje entendemos por *cidade*. As pólis surgiram pela reunião de grandes grupos familiares com interesses em comum, como defender e cultivar terras coletivamente. Na pólis habitavam os cidadãos, ou, em grego, os *politai*; nela, os cidadãos gregos deliberavam acerca das normas comuns para a vivência em sociedade. As normas deveriam ser seguidas por todos e precisavam contribuir para o alcance da felicidade, pois o sentido da vida em comunidade é a busca do bem e da vida feliz. Viver na pólis implicava participar das decisões, o que hoje chamamos de exercer a cidadania, ser um cidadão.

Para um grego, não ser *cidadão (politai)* implicaria não poder contribuir com as decisões da vida coletiva.

A ética grega consistia em saber qual era a melhor maneira de alcançar o bem e viver junto em sociedade. Entre os gregos, o elemento econômico era um fator indispensável para o alcance de uma vida feliz, mas de nada valia se fosse obtido à margem dos valores éticos. Uma perspectiva ética que se tem mostrado bastante profícua para as empresas é a ética aristotélica. De acordo com Aristóteles, uma vida feliz pode ser alcançada em conformidade com a virtude.

> Entre os gregos, o elemento econômico era um fator indispensável para o alcance de uma vida feliz, mas de nada valia se fosse obtido à margem dos valores éticos.

Aristóteles afirma, na obra *Ética a Nicômaco*, que é na vida cotidiana e prática que se determina se um homem é justo ou injusto, bom ou mau. Algo bem feito no passado não é suficiente para fazer um homem bom, mas sim a observância diária das virtudes, ou seja, o hábito. O filósofo deliberava ainda que o homem precisa aperfeiçoar o uso da "justa medida" em relação aos seus impulsos; não se deve sentir nem a falta nem o excesso, porque ambos são destrutivos, apenas o *justo meio* é que pode levar o indivíduo à dimensão moral.

Em uma empresa, podemos analisar a *justa medida* pelo viés da autoestima. Um executivo com excesso de autoestima acabaria por desenvolver uma vaidade orgulhosa, como no caso dos executivos narcisistas que definimos no início deste capítulo. Os executivos que não confiam em sua própria força e capacidade podem sofrer com complexo de inferioridade por não se sentirem capazes de executar adequadamente a própria função. O sentimento saudável de autoestima vem do justo meio, ou seja, quando o sujeito não é nem arrogante nem submisso, mas consciente de si e de seu papel no grupo.

Conheça as virtudes aristotélicas expostas na obra *Ética a Nicômaco* (1973) e perceba como podem ser perfeitamente utilizadas para a análise do comportamento ético no contexto empresarial:

- **Liberalidade:** justo meio entre dar e receber dinheiro. A falta de liberalidade é egoísmo e quem quer mais do que precisa é esbanjador.
- **Coragem:** justo meio entre o medo que impede a ação e a confiança extrapolada que induz riscos desnecessários.
- **Magnanimidade:** justo meio entre a honra e a desonra. O excesso causa vaidade sem motivo e a pessoa se vê maior do que de fato é. A pessoa magnânima quer aplausos desmerecidos. A falta gera o homem extremamente humilde; ele não se considera digno de recompensa, mesmo sendo grande e tendo todos os méritos para tal.
- **Modéstia:** justo meio entre a vergonha e o despudor. O envergonhado é limitado, não se expõe, enquanto o despudorado não se envergonha de nada, podendo prestar-se a vexames.
- **Calma:** justo meio entre o tolo e o insensível. O tolo não se irrita com coisas que deveriam provocar irritação, como a humilhação, por exemplo. Já a falta de calma gera um indivíduo facilmente tomado pela raiva, "cabeça quente" ou "pavio curto".
- **Amabilidade:** justo meio entre o mau humor e o excesso de acolhimento. O mal-humorado não se importa com o acolhimento de ninguém, tampouco com o bem-estar alheio. O excessivamente amável é aquele que agrada a todos de forma forçada (como um "puxa-saco"), pensando apenas no próprio benefício.
- **Temperança:** justo meio entre o prazer ligado a alguns sentidos – paladar (excesso ou falta de comida), tato (excesso ou abstinência de contato sexual) e dor. Deixar-se

levar pelo apetite ou reprimi-lo é um erro; a temperança é o estado de equilíbrio.
- **Justiça:** considerada a virtude completa ou a maior das virtudes, desde que seja ação justa por iniciativa voluntária. Alguém forçado a agir justamente não pode ser considerado justo.

3.2.3 Ética cristã medieval

O período medieval é considerado por alguns historiadores como a Idade das Trevas, em função das inúmeras guerras e epidemias que causaram grande sofrimento, especialmente à população europeia. O período também é marcado pela retração da economia e pela estagnação da técnica e da vida urbana. Todos esses fatores eram geradores de um grande medo que encontrava alívio na expectativa de uma vida boa após a morte, a vida eterna, para a qual a Igreja considerava-se única via de acesso. Por isso, as discussões sobre o comportamento moral dos indivíduos estava vinculada ao cristianismo católico e aos valores religiosos por ele propagados. Para os pensadores daquele período, Deus era a origem e o destino o homem.

Um dos principais pensadores medievais foi São Tomás de Aquino. Ele retomou os princípios éticos propostos por Aristóteles oferecendo uma conotação cristã, ou seja, concordava com Aristóteles quando este afirmava que para que o homem alcançasse a felicidade deveria dedicar-se ao desenvolvimento das próprias virtudes. São Tomás acrescentou, com base nas escrituras, que não são somente as virtudes aristotélicas que conduzem o homem à felicidade, mas, sobretudo, as virtudes teologais, que são a fé, a esperança e a caridade.

Um aspecto interessante da ética de São Tomás é que ele afirmava que sem liberdade não há moral – é o princípio do livre-arbítrio. Ora, a liberdade tem seu fundamento na razão, uma vez que a vontade humana permanece livre e o homem pode tanto acertar quanto errar na sua escolha. Por isso, o homem medieval passava o tempo perguntando-se: qual atitude me conduzirá à bem-aventurança após a morte?

No que concerne à vida coletiva, São Tomás garantia que é natural que os homens se estruturem e formem uma organização ou um Estado. Essa organização funcionaria como um grande corpo, sendo que o coração ou a cabeça seriam aqueles que governam ou dirigem os demais membros do corpo. É necessário, portanto, que haja um *De regimine principum*, ou um princípio normativo, isto é, um código de conduta que oriente, como em um acordo coletivo, a vida individual. São Tomás acreditava que a autoridade e a hierarquia são fundamentais, uma vez que a própria natureza apresenta estruturas hierárquicas.

Como objetivo, o Estado deve conduzir a vida dos cidadãos para a prática do verdadeiro bem, ou seja, para a vida virtuosa. Assim, São Tomás pregava que tanto o Estado quanto a Igreja são estruturas necessárias para a vida em comum, desde que o Estado preste obediência à Igreja, já que é uma organização com finalidade meramente terrena, temporal, que cuida das coisas finitas, enquanto a outra cuida do que é espiritual e eterno.

3.2.4 O humanismo absoluto

Após o período nomeado por alguns historiadores como *Idade das Trevas*, a humanidade pensante, que fora amplamente censurada pela Igreja medieval, deveria ser resgatada. Buscar e ressignificar os princípios gregos parecia o mais correto a se fazer naquele momento. Essa busca e retomada dos princípios gregos da formação humana gerou um movimento literário e filosófico que nasceu na Itália no contexto do Iluminismo e do Renascimento cultural e urbano, sendo disseminado nos demais países europeus e, posteriormente, no mundo ocidental: o humanismo. Os homens abandonaram os valores teocêntricos predominantes na igreja medieval e adotaram valores antropocêntricos, tornando-se a inteligência o valor supremo no universo. *Humanismo* é uma visão de mundo baseada na compreensão de que o ser humano é o centro de sua própria reflexão. Todos os desdobramentos da sociedade trabalham com o objetivo de encontrar meios para a realização humana.

O surgimento do humanismo é marcado por alguns desvios interpretativos. Há quem cultive o objetivo puramente humanista de resgate da dignidade do homem, mas também quem busque atribuir ao homem valor absoluto e incontestável. Esse segundo caso abriu o precedente para o afloramento de uma sociedade de perfil narcisista, além da relativização da ética.

Pensando o humanismo como luta pela humanização do homem, Jackes Maritain assim o define:

> *O humanismo deseja tornar o homem mais verdadeiramente humano e revelar sua grandeza original, fazendo-o participar de tudo o que pode enriquecê-lo na natureza e na história ("concentrando o mundo no homem" – como dizia Scheler – e "ampliando o homem no mundo"); é necessário um tempo para que o homem aprimore suas virtudes reprimidas, suas forças criadoras e a vida da razão, e trabalhe para transformar as forças do mundo físico em instrumentos para sua própria liberdade.* (Maritain, 1966, p. 12, tradução nossa)

Atento também aos possíveis problemas da ascensão desmedida dos valores humanos, Maritain (1966, p. 11) chama atenção para uma característica que ele vê enraizada na natureza humana: "Não há nada que o homem deseje tanto quanto uma vida heroica; e nada é no homem menos corrente que o heroísmo." Em relação ao humanismo, resta saber se o homem seria um herói capaz de trabalhar em prol de uma causa maior que ele próprio, se estaria pronto para administrar a razão e seu novo lugar no mundo sem que ficasse encantado com o enaltecimento de sua própria imagem. Ou talvez cada homem, agora, deseje apenas ser o herói de sua própria imagem e morrer apenas por ela.

Maritain (1966) aponta os perigos do humanismo, que ele chama de *antropocêntrico*, centrado totalmente no homem e esvaziado de princípios éticos. Afirma que a tragédia do humanismo foi a absolutização dos valores humanos. Dessa forma, a palavra *humanismo* esvazia-se de seu sentido mais originário, que é proteger o homem em sua essência, e passa a ser conhecida como *humanismo absoluto*.

O humanismo absoluto serviu e ainda serve como fundamento de uma ética, ou seja, determina muitos comportamentos modernos e pós-modernos, como a dominação sobre a natureza e as outras espécies vivas, atribuindo a todos os demais seres o dever de contribuir para o conforto, a realização e o bem-estar do homem.

3.2.5 O utilitarismo

Herdeiro do humanismo, o utilitarismo é o princípio que considera uma ação ética mediante princípios lógico-matemáticos, ou seja, ao se deparar com uma situação conflituosa, questiona-se: devo fazer ou não? A decisão deve ser regulada pelo princípio do prazer, ou seja, pela duração e pela intensidade do prazer sentido diante da decisão tomada, bem como pela quantidade de pessoas que se beneficiarão de tal decisão. Assim, se a ação trará utilidade, prazer e felicidade para quem a realizar e para muitas outras pessoas, mas poderá trazer prejuízo para outras, então a ação é moral, já que fará mais bem do que mal.

O idealizador do utilitarismo foi o pensador Jeremy Bentham (1748-1832). Ele acreditava e propagava a ideia de que o maior objetivo de toda a ação humana deveria ser a felicidade. Esta pode ser alcançada pelos homens desde que sejam capazes de sobrepor a dor ao prazer. O princípio utilitarista pode ser percebido na prática: tomemos como exemplo a intenção de alguma empresa em represar um rio com o objetivo de produção de energia elétrica. Apesar de haver consciência de que o represamento do rio afetará a comunidade local, resultando em miséria para centenas de pessoas, outras milhares de pessoas sentirão seu benefício por poderem utilizar a energia elétrica. Ou seja, mesmo que a ação gere um mal, do ponto de vista utilitarista, o represamento é uma ação ética.

O humanismo absoluto gerou um homem utilitarista que não enxerga o planeta ou a natureza como casa ou espaço de moradia de seres vivos. Altamente ligado à técnica e aos princípios do progresso e do desenvolvimento, tudo o que existe é visto como recurso "utilizável" a serviço do intelecto antropocêntrico, tido como "superior". Do ponto de vista histórico, a ética utilitarista é a indicação da tragédia do humanismo, o qual, ao invés de resgatar a dignidade do mundo no mundo, exclui de seu "cálculo" a importância da existência e do bem-estar das outras espécies vivas, como plantas e animais.

Além de pensar o princípio utilitarista no sentido de alcançar o bem-estar, Bentham acreditava ainda que a felicidade era derivada da passividade e da obediência do cidadão ao Estado. Assim, a desobediência civil não contribuiria para a felicidade geral, uma vez que suscita insegurança; portanto, deve ser severamente combatida. Foi no sentido de combater a desobediência que Bentham elaborou o conceito do *panoptismo*: os indivíduos devem ser constantemente observados em suas ações diárias, nas ruas, nas compras e no trabalho, para que sejam sempre bons cidadãos e para que não sejam tentados a cometer erros ou infringir alguma regra de convivência. O panóptico configurava-se como um projeto arquitetônico a ser implantado inicialmente nos presídios, e, posteriormente, nos manicômios, nas fábricas e até nas escolas, com o objetivo de vigiar as atitudes dos trabalhadores e cidadãos.

O panoptismo é derivado do utilitarismo, pois, do ponto de vista econômico, é mais barato vigiar as pessoas e mais caro puni-las. Assim, o funcionário de uma fábrica/empresa produzirá mais se souber que está sendo vigiado, ainda que não saiba quem ou a partir de onde é observado. Além de gerar mais segurança e maior produtividade, o panóptico, portanto, é uma medida moralmente correta sob o ponto de vista da ética utilitarista.

3.2.6 Ética biocêntrica

Age de tal forma que os efeitos da tua ação sejam compatíveis com a permanência de uma vida autenticamente humana sobre a terra.
Jonas (2006)

As formas como o homem tem se relacionado com a natureza nos últimos anos são o foco da preocupação ética da contemporaneidade. O uso, a exploração desenfreada e a instrumentalização da natureza a serviço do desenvolvimento tecnológico, do "progresso" ou do lucro não consideram que o planeta precisará abrigar as futuras gerações. Desse modo, a ética contemporânea deve abranger também outras espécies vivas e tudo o que existe. O modelo ético em discussão na atualidade é a ética biocêntrica.

O biocentrismo é uma concepção filosófica pela qual acredita-se que todas as formas de vida são igualmente importantes e que o olhar hierarquizado para qualquer forma de vida é um equívoco. Assim, uma conduta ética na contemporaneidade é aquela que preserva a integridade da comunidade biótica. As leis de proteção ambiental em vigência até o momento se preocuparam em proteger o bem-estar do homem, não do meio. A partir do biocentrismo, passam a surgir grupos que defendem o bem-estar dos animais, a sobrevivência dos rios e a continuidade saudável da vida no planeta. Para garantir tal continuidade, surgem Organizações Não Governamentais (ONGs) e grupos de socioambientalistas reorganizando o *modus vivendi* do homem contemporâneo. As empresas passam a ter de considerar não só o elemento humano em sua gestão, mas tudo o que utilizam como matéria-prima e tudo o que geram de resíduo.

> As leis de proteção ambiental em vigência até o momento se preocuparam em proteger o bem-estar do homem, não do meio.

O filósofo Hans Jonas (1903-1993) foi um dos principais pensadores da ética contemporânea, uma vez que introduziu um elemento que foi ignorado pela ética ocidental tradicional: o futuro. Ele percebeu que o modelo proposto pelo humanismo absoluto e pela ética utilitarista não contempla os efeitos e as mudanças provocadas pela tecnologia na contemporaneidade. Os avanços tecnológicos geram efeitos nocivos ao planeta, e a discussão ética, agora, precisa contemplar princípios para amenizar seus impactos. É hora de percebermos que o planeta é dotado de vida, de modo a colocá-lo no centro da discussão e da reflexão ética. As antigas prescrições da ética iluminista e utilitarista, por não contemplarem formas de vida que não o ser humano, põem em risco a vida na Terra e podem inviabilizar o futuro. Em sua obra *O princípio Responsabilidade:*

ensaio para uma ética da civilização tecnológica, Jonas (2006) afirma que é hora de pensarmos em nossos deveres e responsabilidades para com os seres futuros, pois eles não podem ficar reféns de atos irresponsáveis capazes de inviabilizar sua sobrevivência no planeta.

> *Trata-se de saber se [...] é possível ter uma ética que possa controlar os poderes externos que hoje possuímos e que nos vemos obrigados a seguir conquistando e exercendo. Diante de ameaças iminentes, cujos efeitos ainda podem nos atingir [...]. A ética é preciso dizer que ela tem de existir. Ela tem de existir porque os homens agem, e a ética existe para ordenar suas ações e regular seu poder de agir. Sua existência é tanto mais necessária, portanto, quanto maiores forem os poderes do agir que ela tem de regular. Assim como deve estar adaptado à sua magnitude, o princípio ordenador também deve adaptar-se ao tipo de ação que se deve regular.* (Jonas, 2006, p. 65-66)

Hans Jonas queria contribuir para a elaboração de uma ética capaz de impedir que o homem acabasse por aniquilar sua existência no planeta pelo avanço desenfreado da tecnologia contemporânea e de seu uso sem cautela.

A abordagem da ética biocêntrica contemporânea visa, portanto, garantir a sobrevivência do planeta em sua riqueza e diversidade natural e cultural, com foco no humano, não como meta superior em relação às existências e com poder ilimitado frente à natureza e aos outros, mas como elemento transformador das situações destrutivas. A abordagem biocêntrica nas empresas visa criar ética ou princípios de conduta que coloquem o ser humano ao lado de toda a existência, não acima dela ou em papel de dominação. O quadro a seguir demonstra como algumas organizações adaptaram sua filosofia ao novo modelo ético.

Quadro 3.1 – Visões atribuídas à sustentabilidade nas organizações analisadas

Organização	Visão da sustentabilidade
Eletrobras	Inclusão social e respeito aos interesses de todos os públicos envolvidos, redução do uso de recursos naturais e do impacto sobre o ambiente e a rentabilidade da organização.
Eletrobras Furnas	Assegurar que as metas de lucros não esgotarão os recursos disponíveis para futuras gerações.
Itaipu Binacional	Empreendimentos economicamente viáveis, ambientalmente sensatos e socialmente responsáveis.

Fonte: Silva; Reis; Amâncio, 2011.

Silva, Reis e Amâncio (2011) alertam que, apesar de a preocupação com a sustentabilidade já ser algo visível no discurso empresarial, na prática são gerados apenas alguns benefícios pontuais ao ambiente natural; a visão predominante ainda é individualista e antropocêntrica.

> Quanto aos posicionamentos, também associados ao antropocentrismo, mas com alguma proximidade com sua vertente coletivista, foram apontados os investimentos e programas sociais/socioambientais, assim como a responsabilidade social/socioambiental. Ainda que tais significados busquem, de alguma forma, expressar preocupações coletivistas, mesmo que se restringindo a alguns grupos de indivíduos, ainda não seria equivalente a dizer que a

> organização é sustentável. Buscar atender às demandas sociais ou buscar alguma compensação ambiental não equivale à ideia de sustentabilidade de proporcionar maior integração entre a humanidade e a natureza, possibilitando a manutenção do sistema de suporte da vida, em longo prazo.

Fonte: Silva; Reis; Amâncio, 2011.

Assim, o pleno desenvolvimento da ética biocêntrica na atualidade se depara com o problema apontado por Chanlat (1992) no início deste capítulo: o espírito narcisista. Podemos entender que, enquanto o ser humano, subjetivamente, não estiver disposto a compreender a si mesmo no espelho da coletividade, e não da individualidade, a ética será ainda tema de inúmeras discussões filosóficas e organizacionais.

Leitura complementar

O texto a seguir, de Chanlat (1992), descreve como imperiosa a necessidade de as organizações considerarem um novo princípio ético que englobe o interesse do indivíduo por si próprio, pelo outro, pela coletividade e pelo ambiente.

O interesse pela coletividade

Uma organização, qualquer que seja seu tipo (empresa, escola, sindicato, cooperativa etc.), está estreitamente ligada a seu meio ambiente. Esse meio ambiente pode ser mais ou menos extenso, diversificado ou estranho. A relação que a organização vai estabelecer com ele determinará, em larga medida, aquela que o meio manterá com ela.

Por exemplo, uma empresa que não respeite o sistema de vida ou o contexto sociocultural corre o risco de atrair problemas. [...] A preocupação com a coletividade deve marcar o comportamento das organizações, pois, se não o fizerem, terão de responder mais cedo ou mais tarde por suas ações diante da sociedade. Quando certas empresas especulam, evitam impostos, vendem filiais por razões estritamente financeiras, poluem, fabricam produtos perigosos para a sociedade, mostram que não têm nenhuma preocupação com o meio no qual se inserem. Em contrapartida, quando fazem tudo proteger o meio ambiente, investem, pesquisam, criam empregos de longo prazo, apoiam a coletividade em seus esforços de solidariedade e de promoção da cultura, mostram que redistribuem, em certa medida, o que a sociedade lhes deu. Essa reciprocidade entre o meio e a organização não se refere unicamente às empresas. Diz respeito, igualmente, às instituições educativas, artísticas, sindicais, políticas e outras. O interesse pela coletividade e pelo seu bem-estar deve ser uma preocupação de todas as organizações que a constituem. Infelizmente sabemos que aqui, como em outros lugares, isso está longe de ser sempre a realidade. O corporativismo, a diminuição de responsabilidade, a sindicracia ameaçam igualmente a vida social. Eles são, em nível coletivo, o que o egocentrismo é no nível individual. Tais atitudes contribuem para a desarticulação do tecido social. No momento em que certas análises tendem a mostrar que nossas sociedades se dividem em muitos segmentos sociais cada vez mais afastados uns dos outros, a preocupação pela coletividade deve se tornar um imperativo para todos os grupos sociais.

Por outro lado, uma obrigação desse porte nos conduz de volta às nossas próprias responsabilidades e àquilo que Dostoievsky, no século passado, havia tão bem resumido em sua célebre frase: "Nós somos responsáveis por tudo diante de todos". Às diferentes preocupações que já mencionamos é preciso, finalmente, acrescentar uma última: a ecologia. No momento em que nosso planeta está ameaçado, em que o meio ambiente está cada vez mais destruído por nossa ação devastadora, a preocupação ecológica aparece como uma necessidade imperiosa.

Após ter desejado dela se desvencilhar, o ser humano redescobre, com espanto, que está indissoluvelmente ligado à natureza e que os tratamentos que a ela submete são a própria imagem das relações que mantém com seus semelhantes. Sem uma ética apropriada, estamos condenados a um desfecho mais ou menos breve. Uma renovação da ética das relações nos impõe. Se a preocupação, como escreve Schmid, "é o princípio do governo da vida do indivíduo [...] e a atitude geral em relação a si próprio, aos outros e ao mundo, engendra uma estética, formas de atenção, uma ética e sistemas de comportamento", então é uma nova arte de viver que devemos inventar.

Fundamentalmente ao nível individual neste tríplice respeito, por si mesmo, pelos outros e pelas instituições, e ao nível coletivo em um duplo interesse pelas pessoas e pela coletividade, tal arte de viver só é possível pela instituição do diálogo, considerado pelo grande poeta mexicano,

> Octavio Paz, como uma das formas, talvez a mais nobre, da "simpatia cósmica".
>
> A despeito das infelicidades, a história é, apesar de tudo, um diálogo, diz igualmente Hölderlin, que permitiu aos seres humanos escutarem uns aos outros. Possa esse diálogo se instaurar, pois ele é a única segurança dessa nova ética da individuação e da solidariedade pela qual clamamos com nossos anseios. Nesse momento, surge nova estética que permitirá ao ser humano fazer de sua vida uma obra de arte, segundo a bela expressão de Foucault, e também permitirá às nossas organizações desabrochar a poesia, o imaginário e a criatividade humana, para estarem, daqui para a frente, no centro da dinâmica social. Esse imperativo de natureza cultural é sempre mais necessário, pois é a cultura, e não a economia, que define a alma humana. Que nossas sociedades e organizações jamais esqueçam isso.

FONTE: Chanlat, 1992, p. 72-73.

Síntese

A investigação ética que propomos neste capítulo nos conduziu inicialmente à distinção dos termos *moral* e *ética*. Concluímos que ética é a reflexão ou investigação ampla sobre determinadas condutas e que as condutas comportamentais contextualizadas são chamadas de *condutas morais*. Uma abordagem panorâmica sobre as diferentes abordagens éticas durante a história da filosofia nos leva às seguintes percepções:

- Os pensadores contratualistas concordam que há necessidade de um acordo ou princípio normativo que organize a convivência entre os homens, mas discordam em seus argumentos: ou os homens são naturalmente bons e corrompidos socialmente ou eles são maus naturalmente e o meio os torna dóceis. Em ambos os casos, um contrato social faz-se necessário. Nesse acordo, determina-se o que é certo e o que é errado visando à boa convivência entre todos.
- A ética grega consiste em saber qual é a melhor maneira de alcançar o bem, viver junto e em sociedade. Entre os gregos, o elemento econômico é um fator indispensável para o alcance de uma vida feliz, mas de nada vale se for obtido à margem dos valores éticos.
- No período medieval, ressalta-se a figura de São Tomás de Aquino, que afirmava que tanto o Estado quanto a Igreja são estruturas necessárias para a vida em comum, desde que o Estado preste obediência à Igreja, já que é uma organização com finalidade meramente terrena, temporal, que cuida das coisas finitas, enquanto a outra cuida do que é espiritual e eterno.
- O humanismo absoluto é um princípio ético surgido na Idade Moderna que determina muitos comportamentos contemporâneos, como a dominação sobre a natureza e as outras espécies vivas, o que atribui a todos os demais seres o dever de contribuir para o conforto, a realização e o bem-estar do homem.
- A ética utilitarista é a indicação da tragédia do humanismo, que, ao invés de resgatar a dignidade do mundo no mundo, exclui de seu "cálculo" a importância da existência e do bem-estar das outras espécies vivas, como plantas e animais.

- O biocentrismo é uma concepção filosófica pela qual acredita-se que todas as formas de vida são igualmente importantes e que o olhar hierarquizado para qualquer uma delas é um equívoco. Assim, uma conduta ética na contemporaneidade é aquela que preserva a integridade da comunidade biótica.

Para saber mais

Cronicamente inviável

O documentário mostra a difícil tarefa de sobrevivência física e mental em meio aos imensos contrastes da sociedade brasileira. São seis histórias que se entrelaçam em um bairro rico de São Paulo. O dono de um restaurante, sua gerente, um escritor, um garçom e uma senhora rica e intolerante são os personagens que, a partir de seu próprio ponto de vista, apresentam a conduta humana em sociedade.

CRONICAMENTE inviável. Direção: Sergio Bianchi. Brasil: Agravo Produções Cinematográfica/Riofilme, 2000. 101 min.

Você não conhece Jack

O filme trata de Jack Kevorkian, conhecido como Dr. Morte, um médico americano que lutou pelo direito que todo ser humano deveria ter de escolher como e quando deseja morrer. O filme, baseado em fatos reais, demonstra como o médico ajudou 130 pessoas a cometer suicídio.

VOCÊ não conhece Jack. Direção: Barry Levinson. EUA: HBO Films, 2012. 135 min.

Questões para revisão

1. Leia o poema de Ovídio (Guilhardi, 2010, p. 5) sobre o Mito de Narciso e assinale a única alternativa que relaciona **incorretamente** o mito com os executivos contemporâneos.

   Extasiado consigo mesmo, fica imóvel, incapaz de se mexer.
   o olhar fixo, qual estátua esculpida em mármore de Paros.
   Estendido no chão, contempla os seus olhos, astros gêmeos,
   e os cabelos dignos de Baco, dignos até do próprio Apolo,
   as faces impúberes e o pescoço de marfim, e o esplendor
   dos lábios, e o rubor misturado com a alvura da neve.
   Olha maravilhado para tudo o que o torna maravilhoso.
   Sem saber, deseja-se a si próprio, e o elogiado é quem elogia;
   E, ao desejar, é o desejado, e junto incendeia e arde de amor.
   Quantas vezes beijos vãos não deu àquela fonte enganadora!
   Quantas vezes não mergulhou os braços no meio das águas.

   a) Os jovens executivos demonstram atitudes que promovem unicamente o enaltecimento de sua própria imagem em detrimento do bem-estar coletivo, do ambiente ou da própria organização.
   b) O executivo narcisista depende da aceitação coletiva para que experimente a satisfação de si.
   c) O único desejo do narcisista é colocar-se no lugar do outro. Para ele, o outro é um espelho que reflete sua própria humanização.
   d) Na sociedade do espetáculo, o indivíduo deve vender uma imagem de si. Por isso, muitos executivos parecem ter a tendência de se mobilizar cada vez mais por ela.

2. Assinale a alternativa que melhor corresponde à diferenciação entre os conceitos de ética e moral:
   a) As atitudes dos homens situam-se no campo da ética enquanto as reflexões sobre as justificações ou fundamentos das atitudes estão no campo da moral.
   b) As atitudes dos homens situam-se no campo da moral enquanto as reflexões sobre as justificações ou fundamentos das atitudes estão no campo da ética.
   c) A ética diz respeito ao cumprimento das escrituras e a moral situa-se no campo da sua interpretação teórica.
   d) A ética compreende os julgamentos de nossas próprias ações em relação à coletividade, enquanto a moral se refere aos julgamentos que fazemos sobre nós mesmos.

3. Chanlat apresenta um importante problema ético na atualidade das empresas. Assinale a alternativa que corresponde **corretamente** ao problema apontado por ele:
   a) O narcisismo dos clientes
   b) O desinteresse dos colaboradores
   c) A falta de responsabilidade social
   d) O narcisismo dos executivos

4. Apresente os principais problemas da ética utilitarista no contexto organizacional.

5. Como o humanismo absoluto influenciou os comportamentos pós-modernos?

Questão para reflexão

A partir do tema do capítulo, responda: o que significa tomar uma decisão ética?

4

Filosofia da ciência e suas relações com a teoria da administração

Conteúdos do capítulo

- Filosofia da ciência e suas implicações no mundo organizacional.
- Fatores que definem a ciência: método, objeto e finalidade.
- Variações históricas da ideia de ciência e novas concepções de mundo.

Após o estudo deste capítulo, você será capaz de:

1. compreender o desenvolvimento científico como resultado da conquista da autonomia de pensamento e da criação do homem moderno;
2. compreender o significado da ciência e a evolução histórica e filosófica do termo – da Antiguidade Clássica à Ciência Moderna;
3. identificar os impactos do desenvolvimento da ciência, da técnica e das tecnologias nas organizações;
4. entender os princípios da administração científica de Taylor e estabelecer paralelos com a administração na atualidade.

4.1 Visão geral da ciência

Enquanto a filosofia busca, pelo viés da pergunta, os princípios mais gerais e mais universais de tudo o que existe, cada ciência busca, pelo viés do método e da investigação, respostas de modo bastante prático e específico ao que existe. A medicina, a tecnologia e o transporte são áreas intimamente vinculadas às descobertas científicas e que se beneficiam diretamente dos resultados dos avanços científicos. No entanto, inúmeras são as polêmicas suscitadas especialmente em relação ao uso que os homens fazem dos instrumentos criados graças aos avanços científicos, como é o caso da bomba atômica.

O termo *ciência* encontra diferentes significações, variando de acordo com o tempo em que for analisado. Por exemplo, cientistas dedicaram-se antes ao estudo da física e da astronomia do que das ciências sociais. Outro problema que paira sobre a definição de ciência é acerca da relatividade entre o que pode ser considerado científico e o que não passa de mera especulação desprovida de fundamento e método. Uma definição definitiva e absoluta sobre o significado de ciência é, portanto, algo difícil de ser estabelecido.

Tudo o que hoje consideramos ciência é resultado do esforço realizado pelas gerações anteriores em busca do saber. Os esforços de nossos antepassados geraram resultados que foram organizados e sistematizados sob a forma de teorias. Houve épocas em que o conhecimento era restrito a um pequeno grupo de pessoas e representava, por isso, poder. Quem detinha o conhecimento detinha também poder sobre o outro. Isso nos remete a várias listas criadas com nomes de livros proibidos – quem buscasse conhecer uma teoria diferente daquela defendida pelo poder dominante era impedido, quem escrevesse uma teoria diferente poderia ser queimado vivo em praça pública com os livros que escreveu.

Assim sendo, pretendemos recorrer a diferentes períodos históricos, verificando inicialmente entre os gregos o significado de *ciência* e os desdobramentos dos estudos científicos na sociedade de cada época. Tal diferenciação nos permitirá observar que cada ciência possui um objeto, um modo próprio de investigação desse objeto e uma finalidade investigativa, ou seja, cada ciência deseja descobrir algo. O que diferencia uma ciência da outra e o que permite que existam várias ciências é a variabilidade do método, do objeto e da finalidade. É possível perceber ainda que várias ciências estudam o mesmo objeto, mas com métodos e finalidades diferentes.

A filósofa Marilena Chaui descreve as características gerais do conhecimento científico. Diferenciando-se do conhecimento que advém do senso comum (como vimos no Capítulo 2), o conhecimento pode ser considerado científico quando (adaptado de Chaui, 2003, p. 218-219):

- possui objetividade, uma vez que busca as estruturas universais das coisas investigadas;
- é quantitativo ao buscar elementos de métrica, padronização e comparação entre elementos distintos, como a tonalidade das cores, a intensidade dos sons ou o comprimento das ondas sonoras;
- é homogêneo quando busca leis gerais de funcionamento para fenômenos aparentemente diferentes, como a velocidade da queda de uma pedra e de uma pluma, as quais podem ser explicadas pelo princípio geral da gravitação;
- é generalizador, quando reúne elementos diferentes pelas mesmas leis, padrões ou critérios de medida, como quando a química demonstra que a combinação entre dois ou três corpos pode gerar uma enorme variedade de novos corpos diferentes;
- é diferenciador, enquanto distingue elementos que parecem iguais;
- estabelece relações causais (causa e efeito) após investigar a natureza ou a estrutura do fenômeno em suas relações com os outros e com o ambiente no qual se insere; um exemplo é a gravitação: uma pedra e uma pluma caem em velocidades diferentes desde que não estejam expostas a um campo de gravidade zero;
- apresenta explicações lógicas, racionais, claras e simples para os fenômenos, em oposição à interpretação mágica, milagrosa ou fantasiosa sobre eles;
- separa do mundo o encantamento ou a magia, uma vez que se preocupa com as relações racionais e desconsidera a ação de forças sobrenaturais;
- afirma que pelo conhecimento o homem tem condições de superar o medo e as superstições;

- renova-se constantemente e evita que as teorias se transformem em doutrinas possivelmente geradoras de preconceitos sociais.

4.2 Evolução histórica do termo

A partir de agora, veremos como aconteceu historicamente a sistematização do método de investigação, seus modos de manifestação e suas imbricações com o que conhecemos hoje por *disciplinas científicas*.

4.2.1 Antiguidade Clássica – *Physis*

Na Grécia Antiga, um dos principais responsáveis pelo surgimento e pela sistematização de um método investigativo foi Aristóteles, a partir de sua preocupação com as causas de tudo o que existe. Esse filósofo foi o responsável pelo surgimento de várias áreas de estudo, como, por exemplo, a cosmologia, a taxionomia biológica e a meteorologia. Em sua descrição do universo, Aristóteles infere a existência de uma esfera terrestre e outra celeste. A esfera terrestre seria composta por quatro elementos: a terra, a água, o ar e o fogo, enquanto a celeste ocuparia todos os espaços não terrestres, sendo formada unicamente pelo elemento éter – eterno, imutável e incorruptível. Tudo o que existe possui um lugar para que possa existir e certo movimento natural que conduz e reconduz todas as coisas ao seu lugar natural, para que tudo possa se completar e realizar a existência. Para que pudesse investigar a natureza e as causas de tudo o que existe nela e a partir dela, era necessário compreender o movimento, chamado por ele de *kinesis*:

> *Visto que natureza é um princípio de movimento e de mudança, e nosso estudo versa sobre a natureza, não podemos deixar de investigar o que é o movimento; pois, se ignorássemos o que é, necessariamente ignoraríamos também o que é a natureza.* (Aristóteles, 1996, p. 10-16)

Na tentativa de compreender a natureza do movimento, Aristóteles nomeia quatro formas a partir das quais se pode compreendê-la, as quais se referem, respectivamente, à substância, à qualidade, à quantidade e à locomoção. A ideia de movimento segundo a **substância** diz respeito a tudo o que pode vir a ser ou ainda deixar de ser, isto é, o movimento que permite tanto a geração quanto a destruição. O movimento segundo a **qualidade** é o que permite que haja mudanças dos modos e dos estados das coisas. Já o movimento segundo a **quantidade** refere-se ao aumento e/ou diminuição, ou ainda ao crescimento ou à degenerescência. Por fim, o movimento segundo a **locomoção** refere-se à mudança de lugar.

Assim, tanto o movimento quanto a *physis* são requisitos para a compreensão da experiência sensível. Qualquer investigação deve levar em conta esses requisitos, já que tudo o que existe procede da *physis* e tudo o que está em movimento ou em repouso cresce e degenera-se, transforma-se e muda de lugar, ganha e perde.

O que é *physis*?

É necessário um breve esclarecimento acerca da interpretação do termo *physis*. Em primeiro lugar, a *physis* não pode ser confundida com a física moderna, pois não constitui-se enquanto disciplina ou parte de algo que pode ser conhecido ou perscrutado. Tampouco pode ser simplesmente traduzida por *natureza*, uma vez que essa tradução reduz sua significação ao naturalismo próprio da abordagem contemporânea de ciências da natureza, de cujo objeto o homem se pensa dominante. Além disso, a ideia de natureza não abarca o psíquico ou o espiritual.

Jaeger, autor de *Paideia*, afirma que *physis* não se separa do observador, nem quando este não se encontra presente. É a origem a partir da qual tudo nasce e se desenvolve, o elemento primordial e ao mesmo tempo a realidade vivenciada em cada experiência, a totalidade que se opõe ao efêmero e ao derivado. Por conter o elemento espiritual, pode ser alcançada mediante uma compreensão mitológica. Ora, as divindades gregas são próprias à *physis* e não estão separadas de nada que existe; por isso, Bornheim (1967, p. 11) explica: "Tudo está cheio de misteriosas forças vivas; a distinção entre a natureza animada e a inanimada não tem fundamento algum; tudo tem uma alma. Esta ideia da alma, de forças misteriosas que habitam a *physis*, transforma esta em algo de inteligente, empresta-lhe espiritualidade". Assim, a *physis* refre-se à natureza enquanto um princípio vivo e inteligente desde o qual nos encontramos e a partir do qual nos reconhecemos. É a percepção que se alastra por todas as circunstâncias da existência humana, divina e coletiva. Pensando a *physis*, o filósofo pré-socrático pensa o ser, e a partir da *physis* pode então aceder a uma compreensão da totalidade do real: do cosmos, dos deuses e das coisas particulares, do homem e da verdade, do movimento e da mudança, do animado e do inanimado,

> do comportamento humano e da sabedoria, da política e da justiça (Marcondes; Franco, 2011).
>
> Dados os pressupostos do movimento e da *physis*, Aristóteles entende que o movimento conduz as coisas da potência ao ato. Por exemplo, é o movimento que conduz a semente (que é potencialmente planta) ao estado de planta (ato) ou a criança (que é adulto em potência) à vida adulta. A investigação aristotélica agora recai sobre as causas do movimento – o que permite que um punhado de argila se transforme em uma estátua? São quatro causas: a causa material, a causa formal, a causa eficiente e a causa final.

Em um primeiro sentido, a causa **material** é considerada como o que necessita de concreto para ser o que é, como a argila, que é a causa da estátua, e o vidro, que é a causa da taça (de que é feita?). A causa **formal** encontra sentido na forma que as coisas possuem. A estátua será conhecida como tal se sua forma remeter à ideia de estátua, assim como um copo é um copo, pois é capaz de reter líquidos, a cama é o que é pois é possível que se durma nela. A causa entendida como **eficiente** é a geradora de algo; por exemplo: o padeiro é a causa do pão ou o escultor a causa da estátua (quem fez?). A causa é também vista como fim ou finalidade **(causa final)**: a saúde é a causa do comer, já que nos alimentamos para permanecer saudáveis e garantir a sobrevivência, ou, ainda, a estátua pode ter como causa final a contemplação artística (por que foi feita?).

Desse modo, Aristóteles desenvolveu teorias científicas e filosóficas bastante sofisticadas que marcaram profundamente o desenvolvimento da civilização ocidental até a contemporaneidade. Além dele, registramos também no século III a.C. o pensamento de Euclides e os Elementos de Geometria, as descobertas de Arquimedes na física e, posteriormente, as contribuições de Ptolomeu para a astronomia.

4.2.2 O desenvolvimento da ciência medieval: entre perseguições, queijos e vermes

O período nomeado por muitos historiadores como *Idade das Trevas* não pode ser totalmente considerado como período de obscuridade intelectual ou estagnação cultural e científica. O período que se estendeu do século V ao século XV foi marcado por importantes manifestações culturais. Em termos práticos, registra-se uma grande fragilidade quanto à interação com o objeto do conhecimento, uma vez que não havia uma variedade de instrumentos confiáveis para a realização de quaisquer métricas, como um termômetro, por exemplo, ou alguns poucos modelos de relógios de sol; além disso, a utilização de números romanos dificultava a realização de grandes cálculos.

São Tomás de Aquino (1224-1274) foi o filósofo com mais destaque no período medieval, uma vez que retomou os princípios aristotélicos e ofereceu a eles uma conotação cristã. No contexto científico, São Tomás retomou o princípio aristotélico de causa primeira e fim último e também sua compreensão do lugar da Terra no universo – sua cosmologia.

No ocidente, imperava a certeza de que o planeta havia sido criado por Deus, que está em todos os lugares, que tudo sabe e é infinitamente bom. Nesse sentido, a natureza e os homens constituem-se como manifestações da bondade desse Deus. Não haveria, assim, nada a ser descoberto. O problema da ciência ocidental medieval encontrava-se, portanto, no enquadramento dos fenômenos ao conteúdo das Escrituras sagradas.

Com a queda do império romano, a religião cristã acabou sendo herdeira da cultura e da sabedoria desses povos. Em diversos mosteiros antigos encontravam-se inúmeros livros portadores do conhecimento antigo. Como os cristãos acreditavam que as especulações filosóficas eram um sinônimo de incredulidade em relação à bondade suprema de Deus, esses livros jamais chegavam ao conhecimento popular. Se o conhecimento não estiver pautado pela fé, de nada serve. Assim, a ciência e a filosofia estavam rigorosamente submetidas à religião. Grandes cientistas desse período tiveram um trágico fim, como Giordano Bruno, que foi queimado vivo em praça pública para purificar sua alma do pecado da heresia. Giordano defendia principalmente que a Terra girava em torno do Sol e acusava a Igreja de garantir que os fiéis permanecessem na ignorância. Além dos grandes pensadores, havia também pessoas comuns que duvidavam daquela ciência, que de modo subsidiado pela fé propagava que a Terra estava parada, sendo o centro de todo o universo e que o homem era uma criatura sagrada, feita à imagem e à semelhança de Deus.

Vamos ao caso de Menocchio. O historiador italiano Carlo Guinzburg registrou o acontecido com um moleiro em certa província italiana. Conhecido como Menocchio, o moleiro foi acusado de heresia pelo Tribunal da Inquisição e acabou torturado e morto em uma fogueira em 1599 por ter assumido publicamente não concordar com os princípios vigentes sobre a origem e o significado do homem. Menocchio era experiente na arte de fazer queijos, seus anos de prática aliados à sua mente perspicaz fizeram com que ele elaborasse uma "teoria" própria sobre o surgimento do mundo e do homem. Acreditava que o planeta se formou assim como se forma um queijo, pela reunião das partes líquidas e das partes sólidas – o homem teria surgido na Terra assim como nascem os vermes no queijo. Suas ideias se espalharam pela pequena província e logo a Inquisição o "convidou" para o interrogatório. Durante a longa conversa com os inquisidores, sua linguagem revelou um princípio científico de observação e comparação com elementos do seu cotidiano.

> *Menocchio explicava sua cosmogonia tranquilamente, com segurança, aos inquisidores estupefatos e curiosos (caso contrário, por que teriam conduzido um interrogatório tão detalhado?). Apesar da grande variedade de termos teológicos, um ponto permanecia constante: a recusa em atribuir à divindade a criação do mundo – e, ao mesmo tempo, a obstinada reafirmação do elemento aparentemente muito bizarro: o queijo, os vermes-anjos nascidos do queijo.*
> (Ginzburg, 1998, p. 101)

Assim, tanto as grandes investigações científicas, como no caso de Giordano Bruno, quanto as especulações populares, como no caso de Mennocchio, eram investigadas e severamente punidas pelo Tribunal da Inquisição. Nesse contexto, algumas experiências consideradas heréticas eram realizadas secretamente, como práticas de alquimia, ciência precursora da química e da medicina.

De acordo com os alquimistas, todos os metais tendem a evoluir até que se transformem em ouro; se fossem expostos do modo correto aos elementos básicos anunciados por Aristóteles (fogo, ar, água e terra), o processo evolutivo do metal em ouro poderia ser acelerado. Assim, a transmutação de metais comuns em ouro era a primeira intenção das investigações alquímicas; é possível demarcar outras, como descobrir/criar uma poção capaz de curar qualquer doença e conduzir à imortalidade. Apesar de não terem logrado sucesso em seus intentos, suas tentativas contribuíram para a descoberta de inúmeras novas substâncias e instrumentos de manipulação, bem como de técnicas chamadas hoje de *laboratoriais*.

Além dos alquimistas, a conquista de grandes avanços científicos da Idade Média também é atribuída ao povo árabe, que deu significativas contribuições.

> *Na astronomia, os árabes aperfeiçoam os métodos trigonométricos para o cálculo das órbitas dos planetas, chegando a desenvolver o conceito de seno. Foram eles os introdutores, no Ocidente, dos algarismos arábicos e os criadores da álgebra. Na medicina, transmitiram as obras de Hipócrates e Galeno, além de realizar um trabalho original de organização de seus conhecimentos. Na alquimia, pela sistematização de fatos preservados durante gerações e de trabalhos efetuados em laboratório, aceleram a passagem do ocultismo para o estudo racional e cuidadoso de minerais e metais.* (Aranha; Martins, 1995, p. 170-171)

Como infere a autora Maria Lucia Aranha, o período que se estende do século VIII ao XII foi marcado por inúmeras contribuições feitas pelos povos árabes para o desenvolvimento da ciência e da cultura ocidental. Após esse período, pairou uma grande tensão entre as forças racionais e religiosas – o princípio prevalente era o religioso, em detrimento da continuidade dos avanços científicos.

No Ocidente, foi apenas após a reforma protestante que a igreja católica perdeu seu grande poder de dominação e subjugação dos saberes que possuiu ao longo de mil anos. O homem que adentrou o período moderno não se satisfez com os dogmas: ele possuía um grande anseio pela liberdade. Liberdade para criar e duvidar, para se lançar ao mar em busca de novos horizontes, para realizar experimentos que possibilitassem compreensão de si e da realidade circundante. Durante a Idade Moderna, a partir do século XV, iniciou-se a construção do homem racionalista.

4.2.3. Avanços da ciência a partir da Idade Moderna

Os filósofos Francis Bacon (1561-1626) e René Descartes (1596-1650) se destacaram pela elaboração dos fundamentos de uma nova concepção científica, a qual rompeu com a concepção medieval submetida aos princípios de fé. Esses autores enalteceram o poder operativo da ciência em detrimento do saber especulativo ou teórico. O homem passou a possuir e dominar a natureza.

Em 1768, o pintor Joseph Wright elaborou uma pintura que revela o teor do cientificismo no século XVIII em variados pontos de vista. De um modo geral, havia grandes expectativas em relação aos benefícios que o progresso científico poderia proporcionar. Observe atentamente a obra a seguir. Nela se vê a realização de uma experiência científica que culminou com a morte de um pássaro, uma cacatua, por asfixia. O que se queria demonstrar era a formação do vácuo pela extração total do ar de uma esfera de vidro. A experiência é observada, na tela, por várias pessoas que demonstram diferentes reações, desde a perplexidade e a surpresa até o horror. Essas reações são características daqueles que entram em contato com alguma nova descoberta científica.

Figura 4.1 – Experiência com um Pássaro numa Bomba de Ar

Fonte: Wright, 1768.

O cientista é retratado como alguém sobre-humano, um ser dotado de estranhos poderes. Seus poderes mágicos consistem em elucidar os motivos pelos quais as transformações naturais ocorrem. É ele quem está em evidência na tela e o poder sobre a vida e a morte do animal está em suas mãos, o que denota tanto a necessidade de sacrifícios em nome da ciência e do desenvolvimento quanto a necessidade de uma discussão ética em torno dos avanços proporcionados pela ciência. As experiências são boas ou más? Seus resultados são bons ou maus? O uso que se pode fazer das descobertas pode ser tanto bom quanto mau?

Enquanto isso, as crianças presentes na tela expressam horror e tristeza, sendo consoladas por um adulto, como se aquele ato fosse bastante necessário, como tomar uma injeção ou um remédio ruim, o que demonstra que a ciência representa a cura e não pode ser freada por impulsos infantis como a complacência.

À direita, mais ao fundo, vemos um rapaz que aparentemente tenta fechar a janela de modo a ocultar a luz da lua que adentra o recinto. A lua sempre foi uma representação do oculto, do enigma, do mágico, e a sua ocultação representa o fato de que a ciência agora é capaz de superar as interpretações mágicas ou fantasiosas do mundo. O senhor que está com semblante sério e em atitude de reflexão representa o papel do filósofo diante do impasse trazido pelo advento das experiências científicas. Ainda há na cena um casal que parece alheio à experiência, olhando fixamente um para o outro, parecendo não se importar com o impasse proposto pelo novo momento, pois estão absortos em viver suas vidas particulares. O pintor quis retratar uma grande parcela da sociedade que não deseja participar das discussões, tampouco refletir sobre suas consequências – são os alienados.

Finalmente, é preciso ainda chamar atenção para o gesto do cientista e para seus olhos que observam um espaço mais adiante na cena. Repare que há um lugar vazio à mesa e esse lugar, assim como o olhar do cientista, está direcionado a nós, espectadores. De modo brilhante, o pintor nos convida a participar, a tomar parte de sua obra e da discussão que ele propõe sobre os rumos da ciência.

Tão ruim quanto desejar o mal (no caso da obra, o mal é representado pela iminência da morte da ave) é permitir que ele aconteça em nome da ciência. Essa permissão demonstra indiferença e negação do mundo enquanto condição de possibilidade da vida. A saúde do mundo está indispensavelmente atrelada à existência humana, e tal fator foi deixado de lado pela ciência durante o período iluminista. Vejamos agora outras contribuições do pensamento científico ainda na Idade Moderna.

Revolução Copernicana

Após mais de mil anos de prevalência da teoria geocêntrica, Nicolau Copérnico (1473-1543) foi o responsável pela descoberta de que o planeta gravita em torno do Sol e não está parado, fixo, tampouco se constitui centro do universo. Essa mudança de perspectiva ficou conhecida como Revolução Copernicana, embora muitos historiadores acreditem que o heliocentrismo teria se consolidado como teoria mais aceita somente após as descobertas telescópicas feitas por Galileu Galilei (1571-1630)[1].

Evolucionismo

Na biologia, Charles Darwin (1809-1882) elaborou a ideia de que o ser humano não foi criado à imagem e semelhança divina, mas resultado de um complexo princípio evolutivo, do qual compartilham todos os outros animais.

Revolução Industrial

Como vimos, esperava-se que a atuação da ciência visasse ao bem-estar do homem e produzisse, em última análise, descobertas que facilitassem a vida humana na Terra. Podemos considerar que, no século XVIII, o processo de desenvolvimento científico foi o grande responsável pela

---

[1] Rememorando: *heliocentrismo* é a teoria elaborada por Copérnico que afirma ser o Sol o centro do universo. *Geocentrismo* é a teoria mais defendida desde a antiguidade que afirma ser a Terra o ponto fixo no centro do universo, ao redor do qual orbitam o Sol, a Lua e as estrelas.

Revolução Industrial. Bens de consumo foram produzidos com maior rapidez a partir do advento da máquina; assim, o impulso consumista despertou com força. As indústrias cresceram e enriqueceram também com investimentos no mercado bélico, o que tornou os conflitos e as guerras entre os países cada vez mais violentos e letais. Foi no período da Revolução Industrial que as teorias científicas e o desenvolvimento da técnica e da instrumentalização passaram a estabelecer vínculos íntimos.

Cientificismo e positivismo

Os avanços tecnológicos proporcionados em grande medida pelas descobertas científicas deram margem ao aparecimento de uma tendência peculiar, o cientificismo. Essa tendência tinha como princípio a ideia de que tudo o que a ciência não considera como objeto de estudo não tem existência material, pois não pode ser submetido aos métodos científicos de observação, padronização e métrica. Era o oposto da filosofia, que em tudo vê um objeto de estudo, não importa se o objeto apresenta existência concreta ou não. O professor Japiassú, em seu dicionário de filosofia, assim exprime o significado de *cientificismo* (Japiassú; Marcondes, 2001):

> *Ideologia daqueles que, por deterem o monopólio do saber objetivo e racional, julgam-se os detentores do verdadeiro conhecimento da realidade e acreditam na possibilidade de uma racionalização completa do saber. Trata-se sobretudo de uma atitude prática segundo a qual "fora da ciência não há salvação", porque ela teria descoberto a fórmula laplaciana do saber verdadeiro. Essa atitude está fundada em em três "artigos de fé":*

> *1) a ciência é o único saber verdadeiro; logo, o melhor dos sabedores; 2) a ciência é capaz de responder a todas as questões teóricas e de resolver todos os problemas práticos, desde que bem formulados, quer dizer, positiva e racionalmente; 3) não somente é legítimo, mas sumamente desejável que seja confiado aos cientistas e aos técnicos o cuidado exclusivo de dirigirem todos os negócios humanos e sociais: como somente eles sabem o que é verdadeiro, somente eles podem dizer o que é bom e justo nos planos ético, político, econômico, educacional etc.*

No entanto, o crescimento desorganizado das cidades no contexto da Revolução Industrial inspirava insegurança geral. Os operários das fábricas sentiam-se pressionados pelo volume de trabalho e pela baixa remuneração, sem falar no advento da máquina que gerou milhares de desempregos em toda Europa. Fazia-se necessário um sistema capaz de amainar os espíritos mais exaltados, que pregasse a ordem e a paz e que mantivesse aceso o espírito do progresso. A ideia da soberania da ciência se afirmou e cresceu com o pensamento **positivista** de Augusto Comte no século XIX.

> **Augusto Comte:** pensador francês, nascido em 1798. É considerado um dos precursores de uma corrente filosófica chamada *positivismo*. Essa teoria defende o conhecimento científico como único e verdadeiro, o que indica que uma hipótese só encontra sua confirmação e validade se for submetida a métodos científicos. Os positivistas acreditavam na ideia da evolução e do progresso da humanidade por intermédio de avanços científicos.

O cientificismo foi o responsável pelo desencantamento do mundo. O mundo grego possuía mitos, do mesmo modo que o mundo medieval possuía uma compreensão de mundo que não se encaixava nos padrões de uma racionalidade lógica. O positivismo, como herdeiro direto do cientificismo, pautava-se nos mesmos princípios. Comte (1978) acreditava que o pensamento estava submetido a um princípio evolutivo, de modo que o pensamento mítico seria uma espécie de estágio inicial da inteligência humana, enquanto o conhecimento lógico científico seria a etapa definitiva do pensar humano – assim como uma criança que crê em um mundo mágico e em possibilidades que não são concretas. Se você apontar para o céu e disser para uma criança que viu um gato voador, por exemplo, ela procurará o animal alado e ficará triste por não ter sido rápida o suficiente para visualizá-lo, enquanto um adulto rirá, certo de que se trata de uma brincadeira, uma vez que a ideia de felinos alados é ilógica, irracional e, portanto, inexistente. Vejamos o que afirma Comte (1978, p. 2):

> *Estudando, assim, o desenvolvimento total da inteligência humana em suas diversas esferas de atividade, me parece poder ser solidamente estabelecido que cada uma de nossas concepções principais, cada ramo de nossos conhecimentos, passa sucessivamente por três estados históricos diferentes: estado teológico ou fictício, estado metafísico ou abstrato, estado científico ou positivo. Em outros termos, o espírito humano, por sua natureza, emprega sucessivamente, em cada uma de suas investigações, três métodos de filosofar, cujo caráter é essencialmente diferente e mesmo radicalmente oposto: primeiro, o método teológico, em seguida, o método metafísico, finalmente, o método positivo. Daí três sortes de filosofia, ou de sistemas gerais de concepções sobre o conjunto de fenômenos, que se excluem mutuamente: a*

primeira é o ponto de partida necessário da inteligência humana; a terceira, seu estado fixo e definitivo; a segunda, unicamente destinada a servir de transição.

Ou seja, para um positivista (aquele que crê e segue os princípios do positivismo), a ciência seria a forma evoluída ou adulta e o pensamento mítico seria uma forma infantil, a qual ainda precisa tornar-se racional.

4.3 A administração científica de Taylor e sua herança na atualidade

Na teoria da administração, encontramos o termo *administração científica*, cunhado por Frederick Taylor no fim do século XIX, que tem como base a aplicação de um método de características científicas nas organizações com o objetivo de qualificar os sistemas produtivos, gerando maior custo-benefício. Em sua obra *Princípios da administração científica*, de 1907, Taylor discorre sobre a necessidade de as organizações substituírem os antigos métodos empíricos por métodos científicos. Veja:

> *Ocorre que os nossos operários em todos os ofícios têm aprendido o modo de executar o trabalho por meio da observação dos companheiros vizinhos. Assim, há diferentes maneiras em uso para fazer a mesma coisa; talvez quarenta, cinquenta ou cem modos de realizar as tarefas em cada ofício e, por esta mesma razão, há grande variedade de instrumentos, usados em cada espécie de trabalho. Ora, entre os vários métodos e instrumentos utilizados em cada operação, há sempre método mais rápido e instrumento melhor que os*

demais. Estes métodos e instrumentos melhores podem ser encontrados, bem como aperfeiçoados na análise científica de todos aqueles em uso, juntamente com acurado e minucioso estudo do tempo. Isto acarreta gradual substituição dos métodos empíricos pelos científicos, em todas as artes mecânicas. (Taylor, 1966, p. 33)

O uso, nas fábricas, de metodologias tidas por Taylor como científicas contribuiu tanto para a melhoria dos produtos quanto para a qualificação da eficiência e o aumento da produção dos funcionários. Assim, "reduzir a vadiagem" dos trabalhadores nas fábricas seria um "benefício" da utilização de princípios científicos na empresa, como a metrificação de tempo e de movimentos nas atividades desenvolvidas. Em sua obra, Taylor (1966) apresenta também quatro princípios fundamentais da administração científica, que seriam:

- **O planejamento** – a observação, o improviso e a subjetividade dão lugar ao cálculo prévio, ao planejamento, aos testes e à racionalização dos movimentos.
- **O preparo** – os operários deveriam ser selecionados de acordo com suas habilidades individuais e só então seriam preparados e treinados para executar sua função de modo mais rápido e eficiente.
- **O controle** – todo o desenvolvimento do trabalho deve ser controlado e vigiado para que nada escape ao planejamento, à metodologia e à finalidade pretendida.
- **A execução** – as atribuições e as responsabilidades do trabalho devem ser distribuídas para que haja disciplina e eficiência.

A inovação de Taylor no aumento da produtividade pela associação com princípios científicos trouxe de fato a eficiência e o aumento de rentabilidade pretendidos por ele. As medidas foram responsáveis pelo aumento de 300% a 400% na produtividade. O salário dos trabalhadores sofreu aumento não proporcional ao aumento da produtividade, o que fez com que os donos enriquecessem muito mais rapidamente, uma vez que não dividiam grande parte do lucro. Os danos causados à dimensão humana dos operários foram muito significativos, pois o trabalhador não era visto como um ser biopsicossocial, mas como mera peça pulsante da máquina. A qualidade do trabalho passou a ser medida pelo ritmo e pela quantidade de produção, ou seja, era preciso ser capaz de cumprir uma tarefa no tempo estipulado pelo cronômetro. O fato de um funcionário ser especializado apenas em uma função o tornava muito insatisfeito e alienado em relação ao produto final, como, por exemplo, quando apenas apertava parafusos. Podemos inclusive questionar o significado do termo *científico* na composição de sua teoria.

> A qualidade do trabalho passou a ser medida pelo ritmo e pela quantidade de produção, ou seja, era preciso ser capaz de cumprir uma tarefa no tempo estipulado pelo cronômetro.

A herança da administração científica de Taylor pode ser percebida na contemporaneidade. Não podemos negligenciar a importância dos avanços técnico-científicos que trouxeram benefícios e conforto para a sociedade, bem como desenvolvimento; por outro lado, trouxeram também frustrações, angústias e alienação. O pensador Alvin Toffler descreve em seu texto *O futuro* os modos de ser de uma civilização baseada nos avanços científicos aliados ao desenvolvimento tecnológico, a partir do estudo do Vale do Silício.

> Em 1981, do alto de uma colina ao sul de São Francisco, nós dois e uma equipe de TV observávamos a região hoje conhecida como Vale do Silício. "Este foi o local de nascença de uma nova civilização vindoura", declaramos na frente da câmera. Passados quase vinte anos, uma pesquisa que realizamos identificou nada menos do que 35 projetos ao redor do mundo que são, em essência, tentativas de clonar o Vale do Silício. Um estudo mais aprofundado provavelmente teria revelado um número três vezes maior. De Bangalore, Índia, a Hong Kong, de Israel à Irlanda, e em cidades de várias regiões dos Estados Unidos, foi dada a largada para replicar as maravilhas do Vale do Silício. O Vale do Silício tornou-se o símbolo mundial da inovação e da nova economia. Cidades, Estados e nações estão promovendo e até financiando polos de pesquisa, núcleos de alta tecnologia, incubadores de novas empresas e outras variações inspiradas ou copiadas do modelo do Vale do Silício.

Fonte: Toffler; Toffler, 2003, p. 11.

A mão de obra requisitada para a criação e a manutenção de locais semelhantes ao Vale do Silício é altamente especializada, herança da ciência moderna, sendo também muito produtiva e, ao mesmo tempo, cara, em virtude dos princípios hipercompetitivos. Os funcionários dispõem de um circuito de outros profissionais, como advogados, negociadores, intermediários, capitalistas de risco e negociadores. Toffler e Toffler (2003) apontam o quanto esses profissionais sofrem por não terem tempo de atender às suas demandas existenciais; todos vivem sob pressão, o estresse é constante e excessivo, assim como na administração científica proposta por Taylor. Nesses locais, os custos de moradia são altíssimos, o trânsito é ruim e a iminência de doenças ligadas à baixa qualidade de vida é grande.

Leitura complementar

O texto de Ruben Bauer nos ajuda a compreender o papel das organizações no contexto das discussões científicas contemporâneas.

Uma nova ciência das organizações

Tomemos como exemplo o caso da fusão entre as gigantes de telefonia Bell Atlantic e de TV a cabo TCI nos EUA [Taylor 1994, p. 66], inesperadamente desfeita quatro meses apenas após anunciada, e cuja finalidade seria a de construir uma rede de alta capacidade capaz de fornecer serviços interativos aos domicílios. O anúncio da fusão foi sentido pelo mercado como uma dramática evidência do advento da chamada *information superhighway*, o que deslanchou uma frenética corrida de anúncios de investimentos em infraestrutura por parte de outras companhias. A nova Bell-TCI percebeu então que iria enfrentar muito mais competição do que previra, e também que não havia mais tanta urgência para a construção de uma rede própria, uma vez que seus sistemas poderiam agora operar sobre alguma infraestrutura alheia. E a fusão foi desfeita – as causas haviam levado a efeitos imprevisíveis.

Ao longo de toda a história da humanidade, os homens procuraram sempre equacionar o problema das mudanças, mas jamais se preocuparam com o problema da mudança. Mudanças, no plural, são percebidas como eventos singulares, distintos uns dos outros, e que afetam uma realidade que sem elas seria estável.

Mas o que a ciência descobre hoje é que não existem mudanças, só existe a mudança. Tanto o estado dito "de equilíbrio" como o determinismo e a causalidade linear seriam meros casos-limite particulares num Universo primordialmente evolutivo, onde tudo é fluxo, tudo é transformação, tudo é mudança.

Uma nova ciência das organizações impõe uma profunda quebra de paradigma. Mais que considerarmos as "mudanças" que afetam a empresa, temos que legitimar a mudança, no singular, como realidade única. Mais do que classificar os ambientes como "instáveis" ou "turbulentos", precisamos compreender que neles só será capaz de sobreviver uma empresa também instável ou turbulenta – uma empresa altamente dinâmica, cuja organização seja, em essência, auto-organização. [...]

Ocorre que a ciência de ponta não está apenas descobrindo novos campos científicos, ela agora redefine o próprio sentido do que seja "fazer ciência". Vejamos:

- A ciência abandona o determinismo, e aceita o indeterminismo e a incerteza, inerentes ao homem e suas sociedades;
- A ciência abandona a ideia de uma simplicidade inerente aos fenômenos do mundo natural, e abraça a complexidade também inerente ao homem e suas sociedades;

> - A ciência abandona o ideal de objetividade como única forma válida de conhecimento, assumindo enfim a subjetividade, marca maior da condição humana.
>
> Estão, portanto, abertas as possibilidades para um diálogo inédito entre ciência e vida, entre natureza e homem. Daqui por diante, analogias continuarão a ser analogias, mas estarão fundadas em novos pressupostos – derivados não mais de uma identidade forçada, mas real, entre as ciências naturais e as sociais, da qual podem e devem brotar as raízes de uma nova Teoria das Organizações.

Fonte: Bauer, 2014.

Síntese

Inicialmente vimos as diferentes significações do termo *ciência*, que varia de acordo com o tempo analisado. Tudo o que hoje consideramos ciência é resultado do esforço realizado pelas gerações anteriores em busca do saber. Percorremos os períodos da história e nossa análise permitiu lograrmos as seguintes conclusões:

- Na **Grécia Antiga**, um dos principais responsáveis pelo surgimento e pela sistematização de um método investigativo foi Aristóteles – tanto o movimento quanto a *physis* são requisitos para a compreensão da experiência sensível.
- No **período medieval**, tanto as grandes investigações científicas, como no caso de Giordano Bruno, quanto as especulações populares, como no caso de Mennocchio, foram investigadas e severamente punidas pelo Tribunal da Inquisição.

- Na **Idade Moderna**, os ideais iluministas abriram campo para a Revolução Copernicana, o evolucionismo e a Revolução Industrial.

- Herdeira da ciência moderna, surge a **teoria da administração científica**, cunhada por Frederick Taylor no fim do século XIX, com o objetivo de qualificar os sistemas produtivos e gerar maior custo-benefício.

Para saber mais

GARCIA, J. L.; MARTINS, H. O ethos da ciência e suas transformações contemporâneas, com especial atenção à biotecnologia. **Scientiae Studia**, São Paulo, v. 7, n. 1, jan.-mar. 2009. Disponível em: <http://www.scielo.br/scielo.php?pid=S1678-31662009000100005&script=sci_arttext >. Acesso em: 27 abr. 2014.

Resumo

Sensivelmente a partir da década de 1980, assistimos à intensificação da conexão entre a ciência, a indústria, os interesses econômicos privados e o poder político. No cerne desse processo, encontram-se alterações profundas nos modos de produção dos conhecimentos e dos resultados científicos, na natureza das suas instituições, nas epistemologias e na sua relação com o mundo social e natural. A relação moderna entre o conhecimento científico e a esfera da indústria foi revolvida – mais do que estar a serviço da tecnologia e da indústria, a ciência encontra-se hoje determinada por elas. É nessa afinidade eletiva que se revela a mudança dos saberes em laboratórios universitários e de outras organizações. Na sequência da transformação da ciência em organização burocrática de grande escala devotada à produção, durante e após a Segunda Guerra Mundial, entra em cena a nova tecnociência empresarializada. No presente artigo, são discutidas algumas das modificações no modo de produção das ciências, com base no exemplo emblemático das novas biotecnologias, simultaneamente indicadoras e promotoras de um novo *ethos* científico.

Palavras-chave: tecnociência empresarializada, biotecnologia, capitalização do conhecimento, ciência pós-acadêmica, novo *ethos* científico.

Questões para revisão

1. Assinale a alternativa **correta**:

   A administração científica proposta por Taylor parte do seguinte princípio:
   a) Ciência no lugar do empirismo e da subjetividade.
   b) Ciência no lugar da religião e dos elementos do senso comum.
   c) Planejamento no lugar da ciência.
   d) Rendimento máximo no lugar do desenvolvimento da ciência.
   e) Lucro no lugar da satisfação laboral.

2. Assinale a alternativa **correta** acerca do principal intuito da ciência medieval:
   a) Descobrir/criar uma poção capaz de curar qualquer doença e conduzir à imortalidade.
   b) Investigar e compreender profundamente qual é o lugar da Terra no Universo, sua cosmologia.
   c) Incentivar a descoberta de novas substâncias pela disseminação dos conhecimentos e investigações dos alquimistas.

d) Compreender e enquadrar os fenômenos naturais com o conteúdo das Escrituras sagradas.
e) Segurar a disseminação dos princípios cristãos entre todos os fiéis e não fiéis.

3. Aponte a sequência que indica **corretamente** as principais características da ciência na Idade Moderna:
   a) Expectativa geral e crença no progresso e no desenvolvimento, heliocentrismo e desenvolvimento industrial.
   b) Geocentrismo, desenvolvimento industrial e evolucionismo.
   c) Evolucionismo, geocentrismo e crença no progresso e no desenvolvimento.
   d) Crença no progresso e no desenvolvimento, ateísmo e humanismo absoluto.
   e) Heliocentrismo, humanismo absoluto e evolucionismo.

4. Faça uma comparação entre a análise da situação de trabalho e de vida dos colaboradores dos diversos "Vales do Silício" (desenvolvidos a partir do princípio da imbricação entre ciência e tecnologia) e dos colaboradores que trabalharam sob o regime da administração científica de Taylor.

5. Descreva as aproximações entre a ciência pós-moderna e o conceito grego de *physis*. Há semelhanças? É possível afirmar que há uma retomada desse conceito?

Questões para reflexão

Considere o trecho a seguir, do pensador alemão Martin Heidegger, e reflita sobre os efeitos dos impactos tecnológicos sobre o homem contemporâneo.

As técnicas que hoje conhecemos como do cinema e da televisão, dos transportes, particularmente do transporte aéreo, da informação, da medicina e da alimentação representam apenas um grosseiro estágio inicial. Ninguém poderá prever as revoluções que se aproximam. Entretanto a evolução da técnica decorrerá cada vez mais rapidamente e não será possível detê-la em parte alguma. Em todos os domínios da existência as forças dos equipamentos técnicos e dos autômatos apertarão cada vez mais o cerco. [...] Até admiramos a ousadia da investigação científica e não pensamos mais nada. Não refletimos que se prepare aqui, com os meios tecnológicos, uma agressão à vida e à natureza humana. [...] No entanto, aquilo que é verdadeiramente inquietante não é o fato de o mundo se tornar cada vez mais técnico. Muito mais inquietante é o fato de o homem não estar preparado para essa transformação do mundo.

Fonte: Heidegger, 2001, p. 20-21.

1. Você concorda com o fato de o homem não estar preparado para tais impactos?
2. Quais podem ser as consequências de um desenvolvimento científico que não respeita ou percebe a vida como valor maior?

5

A administração no contexto das ciências humanas

Conteúdos do capítulo

- A ciência – o dogma e a desdogmatização.
- A ciência e novas possibilidades de apropriação e compreensão da realidade.
- As ciências humanas e a busca do *status* científico de suas investigações.
- A administração enquanto área específica do conhecimento.

Após o estudo deste capítulo, você será capaz de:

1. diferenciar ciências humanas e ciências naturais;
2. identificar o lugar da administração no bojo das ciências sociais aplicadas, que, por sua vez, encontra-se no contexto das ciências humanas;
3. reconhecer que as ciências humanas travam duras batalhas para defender sua própria cientificidade.

5.1 A desdogmatização da ciência

No momento atual, as reflexões realizadas no âmbito social, político, econômico e filosófico visam a uma significativa transição. No sentido de combater o imperativo da ciência, os cientistas frequentemente questionam suas práticas, suas técnicas, a finalidade de seu trabalho e a supremacia da ciência como único método de alcance da verdade. Esses questionamentos fazem parte de um movimento chamado pelo professor de Economia da Universidade de Coimbra, Boaventura de Souza Santos, de *desdogmatização da ciência*. Essa nova concepção é coerente com os princípios da ética biocêntrica derivada da teoria da complexidade, pois demonstra a preocupação de que o universo seja visto como um todo, um sistema integrado, uma concepção de teias e de relações.

O homem deseja abandonar a fragmentação que lhe foi imposta, deseja rever a compartimentalização de sua prática e a robotização de seu lado profissional e pessoal, bem como tudo que o fez e o faz esquecer-se de si como um todo. Deseja reaproximar-se da realidade em toda sua plenitude e anular todo o mecanismo de isolamento, deseja agregar sentimentos de compaixão, solidariedade e amor e estabelecer relações mais afetivas consigo, com quem convive e com a sociedade como um todo.

Em seu *Um discurso sobre as ciências...*, Boaventura de Sousa Santos cita o nome de pensadores que se encontram em processo de elaboração de um prognóstico sobre o que poderia ser o novo paradigma científico. Ilya Prigogine, por exemplo, fala da "nova aliança" e da metamorfose da ciência. Fritjof Capra fala da "nova física" e do Taoismo da física. Eugene Wigner fala sobre "mudanças do segundo tipo". Erich Jantsch fala do paradigma da auto-organização, Daniel Bell fala da sociedade pós-industrial e Habermas fala da sociedade comunicativa, apontando que a transformação pela qual a ciência está passando é radicalmente diferente e profundamente mais abrangente que a revolução que a humanidade sofreu na época de Copérnico. Santos (1988) aponta os princípios do que chama de *paradigma emergente*:

1. Todo conhecimento científico-natural é científico-social
2. Todo conhecimento é local e total
3. Todo conhecimento é autoconhecimento
4. Todo conhecimento visa constituir-se em senso comum

Na pós-modernidade, o conhecimento, seja qual for sua natureza, tem como horizonte a totalidade, ou seja, o conhecimento visa à compreensão das ligações e das implicações entre as diferentes áreas do saber. A nova ordem científica não se define mais por uma fragmentação disciplinar, mas temática.

5.2 As ciências humanas

No capítulo anterior, estudamos as tentativas históricas de caracterização de um método científico. Vimos a necessidade de existência de um objeto, de um método e de uma finalidade para que uma investigação seja considerada científica. Mas e quando o objeto é o comportamento ou a ação humana, o método científico permanece válido? A ideia de que o homem pode ser tomado como objeto de estudo é bastante recente. Enquanto Aristóteles, na Grécia Antiga, elaborava o que seria o berço das ciências da natureza, o homem passou a ser estudado cientificamente apenas a partir do século XIX. Até esse momento, as questões relativas à natureza humana eram próprias da filosofia.

> Quando o objeto se localiza fora do indivíduo, temos as **ciências da natureza**; quando esse objeto de investigação é o próprio sujeito, temos, então, as **ciências humanas**.

Muitas foram e ainda são as dificuldades que enfrentam as ciências humanas. Marilena Chaui aponta que, para conquistar respeitabilidade científica, era necessário submeter o homem aos mesmos métodos, técnicas e conceitos propostos pelas ciências da natureza. Desde o princípio, essa tentativa não logrou sucesso, uma vez que as ciências humanas conseguiam, no máximo, trabalhar por analogia com as ciências naturais. As leis causais necessárias e universais não poderiam ser aplicadas aos seres humanos, e as ciências humanas tornaram-se facilmente alvo de contestações e acusações. Chaui (2006, p. 227) aponta as principais contestações feitas às ciências humanas por um grande grupo de filósofos e cientistas:

- A consciência humana não pode ser experimentada em condições laboratoriais.
- Não é possível estabelecer leis gerais para princípios subjetivos, como o psiquismo, que é único em cada indivíduo.
- Não é possível submeter uma sociedade ou um psiquismo ao método de análise (decomposição de um fato em elementos simples) e síntese (recomposição dos elementos com distinção entre os essenciais e os acidentais).
- Como o homem é dotado de razão, liberdade, vontade e contingência, não pode ser submetido pelo princípio do determinismo universal.
- Não há como tornar objetivo o subjetivo (sensível, afetivo, valorativo, reflexivo, opinativo).

Diante de todas as dificuldades previstas ao trabalho das ciências humanas em busca do reconhecimento de sua investigação como criteriosa e, portanto, científica, os cientistas interessados na investigação acerca do homem e de suas ações estabeleceram novos métodos de investigação e trilharam diferentes caminhos. O desenvolvimento desses caminhos, posteriormente considerados *áreas do saber*, marcam a fragmentação do conhecimento que vivemos em relação ao homem e a suas ações.

> O desenvolvimento desses caminhos, posteriormente considerados *áreas do saber*, marcam a fragmentação do conhecimento que vivemos em relação ao homem e a suas ações.

Os primeiros caminhos, os quais, por sua vez, originaram novos modos de investigação e compreensão do homem enquanto objeto, foram o da **psicologia** (que ocupa-se das estruturas e do desenvolvimento da mente humana), da **sociologia** (cujo foco recai sobre as estruturas sociais), da **economia** (estuda as estruturas produtivas e as condições de produção e reprodução da riqueza), da **antropologia** (a qual se ocupa das estruturas ou formas de manifestação da cultura e das comunidades "primitivas"), da **história** (que se preocupa com a origem, os acontecimentos e as transformações sociais) e da **linguística** (com foco nas estruturas da linguagem).

É importante salientar que muitas análises só podem lograr êxito de modo interdisciplinar: para acercar-se de seu objeto, a história, por exemplo, faz uso dos estudos da antropologia e de outras áreas do saber.

Essa multiplicidade de pontos de vista sobre o ser humano revela que ele não quer conformar-se com o conhecimento obtido por uma única técnica ou um único método, tampouco conhecer apenas o que se encontra no mundo exterior a si. Ele deseja conhecer-se, experimentar-se, mergulhar em sua própria natureza e em seu modo de ser no mundo.

5.3 O lugar da administração

A administração é uma área específica do conhecimento que utiliza em seu método elementos oriundos das ciências exatas. Na condição de ciência, enfrenta as mesmas dificuldades das ciências humanas, especialmente no que concerne à variabilidade e à imprevisibilidade inerentes ao elemento humano que compõe as organizações. Sobre o lugar da administração no vasto campo das ciências humanas, temos:

> *Outras ciências humanas como a etnologia, a geografia humana, a história, a linguística também se constituem na medida em que estabelecem o seu método. Com o tempo,*

> *foram surgindo a filologia, a administração e também as ciências intermediárias, tais como a psicossociologia, a sociolinguística etc.* (Aranha; Martins, 1995, p. 202)

Apesar dessa classificação, muitos membros da comunidade acadêmica, como filósofos e cientistas, ainda não acreditam que a administração possa fazer parte do grande grupo das ciências humanas. Eles inferem que o conhecimento que a administração utiliza em suas investigações e suas análises advêm de outras áreas do conhecimento, como a economia e a psicologia. Sendo assim, a administração não seria nada além de uma arte, uma técnica que pode ser utilizada por qualquer pessoa, independentemente de esta possuir formação específica para isso ou não. Muitos pensadores defendem que a dificuldade em afirmar a cientificidade da administração encontra-se no fato de ela pertencer ao âmbito das ciências sociais – portanto, seu processo de cientificidade deve ser atribuído por critérios diferentes daqueles que historicamente constituíram as ciências naturais.

> *No que tange à administração, esta pode ser considerada uma ciência social (Whitley, 1977), visto que seu objeto de estudo se constitui de fenômenos de ordem social, ou seja, do estudo e da melhoria da coordenação e do controle de atividades humanas associadas. Além disso, a administração também pode ser classificada como uma ciência aplicada (Thomson, 1956), ou seja, uma ciência social aplicada.* (Damke; Walter; Silva, 2010)

Apesar de a administração (como área do conhecimento) ter surgido recentemente, a administração enquanto atividade humana é algo muito antigo. Alguns autores concordam que diversas atividades administrativas eram realizadas por civilizações antigas – desde os processos de controle de arrecadação de impostos desde 2500 a.C. até a realização das obras de irrigação ou, ainda, o plantio, o armazenamento e a distribuição de cereais; até mesmo as guerras careciam de um plano administrativo. A contabilidade enquanto atividade vinculada à administração teria surgido apenas em 1436, mas foi a partir da Revolução Industrial que a administração assumiu os contornos de uma área do conhecimento.

A partir da obra *Princípios da Administração Científica*, de Taylor, temos a primeira tentativa no sentido de transformar os processos administrativos em uma atividade científica. Além de reorganizar o trabalho nas fábricas, esses estudos são responsáveis pela elaboração de um novo modelo de gestão que prescinde de fontes confiáveis para atribuir credibilidade às decisões tomadas. Apesar de esse modelo não ser interessante do ponto de vista da humanização das relações e tampouco contribuir para a realização de um projeto existencial amplo por parte dos trabalhadores, é considerado uma das primeiras formas de gestão do conhecimento, por privilegiar o conhecimento tido por Taylor como científico em relação ao saber informal ou cotidiano.

A teoria da administração sofreu grandes modificações ao longo do tempo. Diversas críticas foram feitas aos princípios administrativos, que não contemplam a satisfação de todos os envolvidos. Atualmente, no lugar de assegurar o respaldo científico da atividade, a teoria da administração interessa-se em interpretar metas e finalidades organizacionais, bem como analisar os meios mais interessantes que proporcionarão aos

> A teoria da administração interessa-se em interpretar metas e finalidades organizacionais, bem como analisar os meios mais interessantes que proporcionarão aos envolvidos o alcance de seus objetivos.

envolvidos o alcance de seus objetivos. Do mesmo modo, a administração preocupa-se em compreender a relação que existe entre a aquisição de bens e serviços e as instituições que pretendem atender a essa demanda. Assim, podemos inferir que o objeto de estudo da teoria da administração é a análise das instituições organizacionais, tanto em sua constituição interna quanto em seu papel no mundo, desde suas relações com o mercado (contexto macro) até o atendimento às demandas pessoais (contexto micro).

Leitura complementar

O texto a seguir revela o lugar que a administração ocupa no campo das ciências humanas e das ciências sociais.

Figura 5.1 – Conceito de Ciência Administrativa

Fonte: Shigunov Neto; Maciel, 2008.

A Ciência Administrativa é constituída pelas abordagens, teorias, práticas e modelos administrativos formulados, testados e implementados ao longo de sua recente história de vida, quase cem anos, que serão completados em 2006.

A Ciência Administrativa é a sistematização dos conhecimentos humanos produzidos acerca das organizações, portanto, a Ciência Administrativa tem como objeto de estudo as organizações. Entretanto, para a compreensão da complexidade organizacional a Ciência Administrativa apropria-se dos conhecimentos gerados por outras ciências e áreas de conhecimento humano. É importante destacar que na Ciência Administrativa como em qualquer outra área do conhecimento humano na maioria das vezes os conhecimentos são (re)produzidos a partir do que já existe. Portanto, podemos afirmar que os conhecimentos da Ciência Administrativa constituem um resgate histórico das teorias já formuladas e de termos e práticas já utilizadas nos primórdios da humanidade. Motivo pelo qual a análise aprofundada da história da Ciência Administrativa faz-se tão importante e necessária para os Administradores, o profissional mais capacitado e com melhor formação para gerenciar eficazmente as organizações. [...]

A Administração é uma ciência e não uma arte ou apenas uma disciplina, como se supunha há alguns anos atrás. Esta constatação de que a Administração é uma ciência pode ser evidenciada pelo seguinte:

- a Administração possui um objeto de estudo bem definido: as organizações;

- possui métodos e técnicas de coleta de dados;
- a Administração pode ser estudada e ensinada nos bancos escolares;
- possui um número enorme de pesquisadores e pesquisas;
- os conhecimentos da Ciência Administrativa servem de base teórica para os profissionais, mas não podem ser tidos como absolutos;
- o Conselho Nacional de Desenvolvimento Científico e Tecnológico (CNPQ) considera a Administração uma área de conhecimento que pertence às Ciências Sociais Aplicadas.

Fonte: Shigunov Neto; Maciel, 2008.

Síntese

Neste capítulo vimos que, na pós-modernidade, ocorreu a desdogmatização da ciência; outros modos de apropriação da realidade adquiriram respaldo social, ou, melhor dizendo, estatuto de cientificidade. Isso ocorre mesmo quando os resultados das análises obtidas em outras áreas do conhecimento são combinados e ressignificados. Em nosso tempo, a ciência deixa de contemplar os fragmentos e abre-se à totalidade; o conhecimento visa à compreensão das ligações e das implicações entre as diferentes áreas do saber. A nova ordem científica não se define mais por uma fragmentação disciplinar, mas sim temática.

Em relação aos esforços realizados pelos pensadores das ciências humanas, destacamos as dificuldades enfrentadas para a afirmação de suas análises, uma vez que as leis causais necessárias e universais não poderiam ser aplicadas aos seres humanos; por isso, as ciências humanas tornaram-se facilmente alvo de contestações e acusações.

Vimos que a teoria da administração sofreu grandes modificações ao longo do tempo, tanto de cunho teórico fundamental quanto de cunho prático e/ou estratégico. Podemos concluir que a administração classifica-se como ciência social aplicada e que seu objeto são as instituições organizacionais, tanto em sua constituição interna quanto em seu papel no mundo, desde suas relações com o mercado até o atendimento às demandas pessoais.

Para saber mais

DUARTE, E. N.; SANTOS, M. L. da C. O conhecimento na administração estratégica. **Perspectivas em Gestão e Conhecimento**, João Pessoa, v. 1, n. 1, p. 15-24, jan.-jun. 2011. Disponível em: <http://periodicos.ufpb.br/ojs2/index.php/pgc/article/view/9798/5615>. Acesso em: 28 abr. 2014.

Resumo

No panorama da Sociedade da Informação e do Conhecimento, entende-se que as estratégias das organizações devem estar voltadas para o humano, pois o homem é o verdadeiro detentor do conhecimento que determina a gestão estratégica. Nessa perspectiva, surge o interesse em buscar, na literatura, subsídios para contextualizar o conhecimento na administração estratégica ao focalizar esse processo por meio da abordagem das Escolas do Pensamento Estratégico. Com as leituras, foi possível distinguir o conhecimento que permeia cada uma das abordagens. O uso do conhecimento como

vantagem competitiva está mais refletido nas premissas da escola de aprendizado, que compreende a estratégia como um processo de aprendizagem tanto individual quanto coletivo. A vantagem competitiva do conhecimento consiste na exploração das competências distintivas, difíceis de serem imitadas. Competência, tanto individual como organizacional, só se adquire com conhecimento viabilizado pelo processo de aprendizagem contínua à luz da gestão do conhecimento.
Palavras-chave: administração estratégica, gestão do conhecimento estratégico, escolas do pensamento estratégico.

DAMKE, E. J.; WALTER, S. A.; SILVA, E. D. da. A administração é uma ciência? Reflexões epistemológicas acerca de sua cientificidade. In: SEMEAD – Seminários em Administração da FEA/USP, 13., 2010, São Paulo. **Anais**... São Paulo: USP, 2010. Disponível em: <http://www.ead.fea.usp.br/semead/13semead/resultado/trabalhosPDF/679.pdf>. Acesso em: 28 abr. 2014.

Resumo

Este estudo epistemológico foi realizado com o objetivo de debater a cientificidade da administração. Discutem-se os critérios epistemológicos dos filósofos Karl Popper, Thomas Kuhn e Imre Lakatos e suas implicações para a classificação da administração como ciência. Conclui-se que a administração, enquanto teoria do conhecimento, pode ser considerada uma ciência por causa da possibilidade de falsear os estudos conforme o falseacionismo sofisticado de Popper; de atender aos pressupostos da ciência paradigmática de Kuhn, apesar de não existir consenso sobre em que etapa se encontra; e de se adequar aos moldes dos programas de pesquisa apresentados por Lakatos. Sabe-se que a administração ainda possui um longo caminho a percorrer em busca da ampliação de seu rigor metodológico e de seu amadurecimento, mas desconsiderá-la como ciência, além de não auxiliar nesse amadurecimento, acaba por desprestigiar um amplo grupo de atores sociais – as organizações – que não são objeto principal de estudo de outras ciências. Dessa forma, mesmo a administração se utilizando de conhecimentos desenvolvidos em outras ciências, possui suas características pesquisadas apenas em contexto de gestão. Avaliando sob essa ótica, é possível compreender que, se de um lado, existe um ambiente dotado de pessoas que necessitam de produtos e serviços e, de outro, entidades que atendam a esses anseios; também existe uma área em particular que se preocupa em estudar essa relação, que se entende ser o seu objeto: o estudo da organização e suas relações com o mercado e as pessoas.

Palavras-chave: administração, cientificidade, epistemologia.

Questões para revisão

1. Assinale a alternativa que interpreta **corretamente** o fenômeno de desdogmatização científica:
    a) Desdogmatizar a ciência significa torná-la digna de confiança e credibilidade.
    b) Os impulsos que combatem o imperativo da ciência e questionam seus métodos e seu papel de supremacia são próprios do movimento que pretende desdogmatizar a ciência.
    c) Desdogmatizar significa atribuir caráter de dogma aos conhecimentos obtidos por meio do desenvolvimento científico.
    d) Desdogmatizar a ciência significa identificar, compreender, analisar e reproduzir os conhecimentos científicos para que possam ser utilizados em outras

áreas do conhecimento, como é o caso da administração.
e) Significa reconhecer que a administração apenas adquirirá estatuto de cientificidade se seu objeto for analisado pelo mesmo método utilizado pelas ciências naturais.

2. De acordo com o que foi discutido no Capítulo 5, assinale a alternativa **incorreta** em relação às incompatibilidades entre as ciências da natureza e as ciências humanas:
a) A consciência humana não pode ser submetida a exames laboratoriais.
b) Não é possível submeter ao método de análise e síntese, por exemplo, um movimento social.
c) Os princípios gerais e as leis universais não cabem ao psiquismo, que é uma instância subjetiva.
d) Não há como tornar objetivo o subjetivo (sensível, afetivo, valorativo, reflexivo, opinativo).
e) Não é possível analisar fenômenos de cunho social pelo método das ciências humanas.

3. Assinale a alternativa que apresenta **corretamente** e de modo mais completo o objeto de estudo da administração:
a) A administração tem como objeto a constituição interna e as relações que as organizações estabelecem com o mercado e com as demandas dos indivíduos.
b) O objeto é a relação (hierárquica/colaborativa) que os colaboradores das organizações estabelecem entre si.
c) A administração ocupa-se da análise dos fundamentos teóricos e filosóficos das concepções de mundo que determinam o comportamento das organizações.

d) A administração investiga as relações entre a administração pública e o mercado.
e) O objeto da administração é o mercado e o modo de produção capitalista.
4. Explique: como o conhecimento é visto no paradigma emergente?
5. Em qual horizonte científico se insere a administração?

Questão para reflexão

É necessário que a administração comprove seu estatuto de cientificidade para que tenha validade e respaldo social? Seria esta a comprovação de que estamos vivendo ainda sob a égide do cientificismo, que considera legítimos apenas os conhecimentos submetidos a um determinado método de apropriação do real?

6
Disciplinas filosóficas na teoria da administração

Conteúdos do capítulo

- A filosofia: algumas das principais áreas e suas contribuições para a teoria geral da administração.
- A pertinência da linguagem, da lógica e da estética no âmbito organizacional.
- Contribuições da filosofia da linguagem para a teoria das organizações.
- Filosofia da linguagem e linguagem organizacional.

Após o estudo deste capítulo, você será capaz de:

1. compreender a filosofia da linguagem como disciplina que contribui para a teoria das organizações, uma vez que investiga os diferentes usos e atribuições da linguagem;
2. entender as organizações como entidades complexas, ambíguas e paradoxais, cuja compreensão e classificação pode ser elaborada por meio de metáforas;
3. perceber a lógica como fator indispensável de inferência de veracidade ou falsidade de algum argumento ou ideia;
4. identificar a partir do cotidiano organizacional os princípios estéticos de percepção, visão, instintos e intuição.

6.1 A filosofia da linguagem (metáfora)

A linguagem está em todos os lugares. Assim que um homem observa algo e tem uma impressão sobre o que viu, ele deseja transformar sua impressão em fala, para que possa transmitir ao outro sua compreensão. Falamos o tempo todo e, para isso, utilizamos os mais variados recursos, desde a linguagem oral até a escrita e a corporal. Falamos até dormindo: enquanto sonhamos, a linguagem ainda está presente.

A filosofia preocupa-se especialmente com o fenômeno da linguagem, uma vez que não é possível produzir filosofia sem ela. Tal constatação pode apresentar-se como um problema: é possível identificar a linguagem como objeto de investigação, uma vez que é por intermédio dela própria que a investigação se dá? Seria possível utilizar outro meio de investigação da linguagem se não ela própria? É preciso ter em mente que linguagem não se refere meramente ao discurso oral ou escrito; a linguagem pode ser algo tão amplo que o pensador alemão Martin Heidegger assim a descreveu:

> Segundo uma tradição antiga, nós somos os seres que falam e que por isso já possuem a linguagem. No homem, a faculdade de falar não é só uma capacidade que se põe ao lado das outras. É a faculdade de falar que faz o homem, homem. Esse traço é o perfil de seu ser. O homem não seria homem se não fosse lhe dado falar, se não fosse capaz de dizer: "É" – sem interrupção, por qualquer motivo, em referência a cada coisa, em formas variadas, o mais das vezes calando. Enquanto a linguagem concede esse favor, o ser do homem repousa na linguagem. (Heidegger, 2003, p. 191)

Assim, a natureza da linguagem se confunde com a natureza do homem[1]. A filosofia da linguagem preocupou-se historicamente em investigar a origem, as causas e as formas a partir das quais a linguagem aparece, uma vez que ela significa um acordo entre toda a sociedade. É evidente a existência de um acordo, de uma decisão consensual para que as coisas possuíssem o nome que têm; a filosofia da linguagem pretende investigar tanto os modos de elaboração e ressignificação desse acordo quanto os seus modos de apropriação.

> **A filosofia da linguagem preocupou-se historicamente em investigar a origem, as causas e as formas a partir das quais a linguagem aparece, uma vez que ela significa um acordo entre toda a sociedade.**

---

[1] Afirmar que a linguagem é intrínseca à natureza humana não significa excluir a comunicação que o homem estabelece com as outras formas vivas – animais e plantas –, mas sim dizer que o objeto de nossa análise, neste momento, é exclusivamente a linguagem humana.

6.1.1 A linguagem e as organizações

É sabido que, em uma mesma organização, há muitas formas diferentes de usos e atribuições da linguagem. Quando todas as linguagens presentes no ambiente organizacional são harmônicas no que diz respeito ao remetente, à mensagem e ao destinatário, então temos um ambiente propício ao desenvolvimento de processos de criação coletiva de conhecimento, uma vez que linguagem também é sinônimo de compartilhamento de sentidos.

Assim como a linguagem assume os contornos da cultura na qual ela se encontra inserida, cada organização costuma apresentar uma linguagem própria, como se fosse um idioma próprio. Quando um colaborador troca de organização, além de aprender as atribuições de sua função, precisa de um tempo extra apenas para apropriar-se da linguagem específica daquele local. No âmbito da teoria das organizações, essa linguagem específica é construída de modo artificial, repleta de sistemas simbólicos que explicam conteúdos temáticos. Essa linguagem tem como objetivo a agilidade da comunicação dos **signos** e dos **sinais** entre os especialistas de uma mesma área:

- **Signo:** uma ideia representativa com conteúdo material perceptível e com significado. Por exemplo, a fumaça como signo remete imediatamente à ideia de fogo, ou, ainda, uma pegada (signo) remete à presença de algum animal.

> *Signo é uma coisa que representa uma outra coisa: seu objeto. Ele só pode funcionar como signo se carregar este poder de representar, substituir uma outra coisa diferente dele. Ora, o signo não é o objeto. Ele apenas está no lugar do objeto. Portanto, ele só pode representar esse objeto de um certo modo e numa certa capacidade. Por exemplo: a palavra casa, a pintura de uma casa, o esboço de uma casa, o filme de uma*

> casa, [...] são todos signos do objeto casa. Substituem-na, apenas, cada um deles de um certo modo que depende da natureza do próprio signo. (Santaella, 1983, p. 78)

- **Sinal:** parte material da mensagem a ser comunicada. Pode referir-se tanto a palavras orais quanto a gestos, cores, expressões etc.

> *Um sinal se converte em signo na medida em que é capaz de representar uma ideia para alguém. E isso só é possível porque outro alguém empregou esse sinal com a intenção de transmitir um significado. A associação de um significado provável ao sinal relacionado depende da existência de um código, de uma convenção socialmente compartilhada pelos agentes que participam do ato comunicativo.* (Souza, 1995, p. 104)

Podemos pensar na taquigrafia como um exemplo da necessidade de associação entre sinais e signos – se eles estiverem desconectados, o conteúdo da mensagem não poderá ser transmitido. Observe a imagem a seguir. Se você for um taquígrafo, provavelmente compreenderá o conteúdo da mensagem. Se não for, só o que verá será um amontoado de rabiscos aparentemente sem sentido. Um taquígrafo possui a chave da associação entre o sinal (o rabisco) e o signo (o que ele quer dizer), uma vez que se dedicou anteriormente ao estudo dos códigos representativos e sabe como interpretá-los. Alguém que está iniciando seus estudos em taquigrafia pode cometer alguns equívocos interpretativos, o que também acontece no âmbito organizacional. É possível perceber nos diálogos organizacionais um distanciamento entre o que se diz e o que se entende, o que pode ser o início de muitos problemas. Sem a devida manifestação dos signos ou sem a devida apropriação dos sinais, não há comunicação, ou seja, se a elaboração dos sinais ou a interpretação dos signos não for adequada, não há criação de significado.

Figura 6.1 – Bilhete escrito com a técnica da taquigrafia

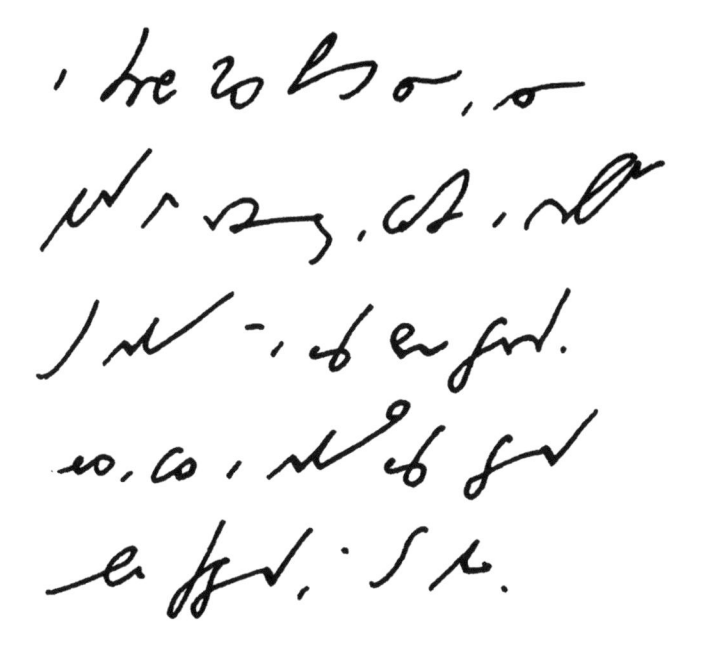

Fonte: Spurzem, 2014.

O afastamento entre o que se diz e o que se entende no âmbito organizacional revela apenas a ponta de um *iceberg*. Qual será o distanciamento entre o pensar e o dizer e o que esse distanciamento pode revelar a respeito do comportamento das organizações? E quanto ao distanciamento entre a linguagem da instituição e a expressão da cultura na qual a organização se insere? Levando em conta essas questões, podemos entender que uma organização também fala.

Investigar os distanciamentos entre as linguagens revela apenas o início de um grande acontecimento. Toda a comunicação, empresarial ou não, funciona como um complexo sistema de representações simbólicas que possui em si o fundamento de nossa vida psíquica e social.

6.1.2 Metáfora

Uma metáfora é comumente compreendida como o uso de uma palavra ou de uma expressão em um sentido não literal. É frequente a utilização de elementos do cotidiano para a formulação de expressões semelhantes àquela que se pretendia criar. Na metáfora há um ocultamento e uma revelação. O ocultamento da literalidade, da realidade exata, e a revelação do elemento comparativo, que surge de modo fantasioso.

O uso da linguagem é muito comum para criar empatia no público. Quando se quer tratar de um tema delicado sem tocar diretamente no assunto, utiliza-se o recurso da metáfora. Assim, o ouvinte apropria-se da especificidade temática presente na metáfora e a vê a luz de sua própria situação. É uma estratégia ou ainda um "jogo" no qual o ouvinte aceita a metáfora e a insere em seu próprio mundo de significações.

Gareth Morgan (1996) afirma ainda que a metáfora é uma figura de linguagem de uso comparativo, ou seja, é utilizada para realizar comparações entre diferentes realidades, sendo motivada por uma força primária da qual todos os humanos são imbuídos: a criação de significado. Nesse sentido, Morgan (1996) utiliza o recurso das metáforas para analisar as estruturas organizacionais e encontrar elementos comuns entre elas, a julgar por alguns critérios assim divididos e organizados: as organizações são comparadas por ele a máquinas, a organismos, a cérebros, a culturas e, finalmente, a sistemas políticos, a prisões psíquicas, a fluxos e transformações e a instrumentos de dominação. Esse autor encontra na metáfora não apenas um recurso da linguagem que tem o poder de adentrar a vida do ouvinte, mas uma forma de pensar e compreender as estruturas internas e implícitas das coisas. Ao elaborar sua teoria, o autor baseia-se no princípio arquetípico desenvolvido pelo psicanalista Carl Gustav Jung.

> **Arquétipo:** Todas as imagens psíquicas compartilham, até certo ponto, do arquétipo. [...] Qualidades arquetípicas são encontradas em símbolos e isso, em parte, responde por sua fascinação, utilidade e recorrência. Deuses são metáforas de comportamentos arquetípicos e mitos são encenações arquetípicas. Os arquétipos não podem completamente ser integrados nem esgotados em forma humana. A análise da vida implica uma conscientização crescente das dimensões arquetípicas da vida de uma pessoa. O conceito do arquétipo, de Jung, está na tradição das ideias [...], presentes nas mentes dos deuses, e que servem como modelos para todas as entidades no reino humano.

FONTE: Arquétipo, 2014.

Morgan (1996) afirma que nossa compreensão de mundo raramente acompanha a complexidade com a qual o mundo vem se desenvolvendo, dada nossa tendência a acreditar que as coisas são mais simples do que realmente são, o que nos deixa suscetível a modismos. O autor acredita que as organizações são "complexas, ambíguas e paradoxais" e que o método de análise cujo pressuposto é a utilização de metáforas desvela tal caráter multifacetado e abre a possibilidade de estabelecer um pensamento crítico sobre a realidade organizacional.

> Acredito que, trabalhando o uso da metáfora – que é básica à forma de pensamento em geral, tem-se meios de desenvolver a capacidade criativa ao mesmo tempo em que o pensamento disciplinado, numa forma que permita vasculhar e lidar com o caráter multifacetado da vida organizacional. Assim fazendo, acredito ser possível encontrar novas formas de organizar e novas maneiras de focalizar e resolver problemas organizacionais.

Fonte: Morgan, 1996, p. 20.

Conheça as metáforas criadas por Morgan (1996):

- **Organização como máquina:** é a representação das instituições predominantemente burocráticas. Nesse contexto, os administradores pensam, planejam e administram a organização como se ela fosse uma máquina com peças independentes e, ao mesmo tempo, interligadas, cujo bom funcionamento individual garante o funcionamento do todo.
- **Organização como organismo:** é a representação das instituições como princípios vivos e ecológicos. Nessa metáfora, elas são dotadas de necessidades e submetidas a um ciclo de nascimento, crescimento, desenvolvimento, declínio e morte, além de possuírem capacidade de adaptação a ambientes em mutação.
- **Organização como cérebro:** é a representação das instituições dotadas de uma inteligência própria e submetidas a um processo de aprendizagem. A organização como cérebro aparece de duas formas distintas: ora como uma espécie de computador que processa, armazena, cataloga e cria novas informações, ora como um holograma, a partir do qual a ideia de auto-organização se efetiva, desde que

haja alto grau de flexibilidade, capacidade de adaptação e criatividade inovadora.
- **Organização como cultura:** representação das instituições como locais desde os quais surgem modos próprios de ser. A vida organizacional é marcada por padrões, valores, ideias, normas, rituais e crenças que são compartilhados.
- **Organização como sistema político:** nessa representação, a organização é comparada a sistemas políticos e hierárquicos, especialmente no que diz respeito aos interesses, conflitos e jogos de poder que caracterizam as relações organizacionais.
- **Organização como prisões psíquicas:** representação das instituições como armadilhas elaboradas por pensamentos, ideias, crenças e temores originados na dimensão inconsciente dos envolvidos. A análise subsequente passa pelos seguintes questionamentos: minha forma de administrar está relacionada a um desejo inconsciente de controle, à sexualidade reprimida, ao medo da morte?
- **Organização como fluxo e transformação:** representação das instituições como suscetíveis a processos de metamorfose. Pode dar-se de três modos: primeiro, organizações como sistemas autoprodutores, uma vez que criam a si mesmas em suas próprias imagens; segundo, organizações submetidas a um fluxo circular de *feedback* positivo e negativo; terceiro, organizações com tendência a gerar o seu oposto.
- **Organização como instrumentos de dominação:** instituições potencialmente exploradoras, no sentido de que usam seus colaboradores, suas comunidades e seus financiadores como meros instrumentos para alcance da satisfação de seus desejos. O autor infere que a análise de uma empresa a partir dessa metáfora elucida que uma mesma ação pode ser vista como racional por uma

perspectiva e, ao mesmo tempo, absolutamente desumana e exploradora por outra.

6.2 Lógica

Como vimos, a comunicação repousa sobre determinada convenção, acordo social ou, ainda, sobre uma determinada **lógica**. Isso se justifica porque a finalidade da linguagem é ser compreensível; para que o seja, precisa ser lógica – ou seja, prescinde de uma base de regras que a façam funcionar como linguagem. Se a lógica da linguagem não for respeitada, temos o absurdo, e a comunicação pode ficar comprometida. Veja o exemplo no quadro a seguir.

> Não é engraçada a reação das pessoas quando uma frase não termina do jeito que elas periquito?

A lógica é o que dá segurança, possibilidade e efetividade à compreensão que temos do mundo. Por exemplo, quem gosta de futebol conhece bem a lógica de um jogo, uma vez que ela se encontra além das regras. A lógica é o próprio movimento, aquilo que possibilita a dinâmica e dá sentido a uma partida. Para entender a ideia ou a lógica do futebol não é suficiente entender suas regras. Da lógica do jogo fazem parte os jogadores, o campo, os torcedores, o vencedor, o perdedor e o modo como cada um deve se portar para que o jogo finalmente aconteça.

A filosofia preocupou-se grandemente com o tema da lógica, pois é por intermédio do pensamento lógico que se pode inferir a veracidade e/ou a falsidade de um argumento ou de uma ideia. Bastos e Keller (1991) assim definem lógica:

> É uma ciência porque possui um objeto definido: as formas de pensamento. Em função de seu objeto, seu desenvolvimento, pela abstração que implica, a descompromete com a utilidade ou realidade. Em outros termos, a princípio, a lógica não tem compromissos ideológicos. No entanto, sua história demonstra o poder que a mesma possui quando bem dominada e dirigida a um propósito determinado, como o fizeram os sofistas, a escolástica, o pensamento científico ocidental e mais recentemente a informática.
>
> A sensação de inutilidade imediata, advinda do fato de operar com formas despidas de conteúdo, torna seu estudo difícil e cansativo. No entanto, à medida que a lógica é assimilada, a sensação de inutilidade dá lugar a um mundo novo a ser explorado, o mundo da inteligência propriamente humana, em seus acertos e desacertos.
>
> Ao considerar as formas do pensamento na sua origem, em abstrato, a lógica dá condições para que os conteúdos das diversas ciências sejam consistentes, entrelaçados, coerentes, tirando daí sua justificativa. (Bastos; Keller, 1991, p. 14)

Desde a Grécia Antiga, os filósofos pensam a partir de princípios lógicos. Um exemplo é o filósofo Parmênides de Eléia (530-460 a.C.), que elaborou o princípio da não contradição: "o ser é, o não ser não é". Em um primeiro momento, essa frase pode parecer óbvia demais para ser dita, mas constitui-se em um dos grandes problemas da filosofia: uma coisa não pode ser e não ser ao mesmo tempo. Por isso, os signos linguísticos precisam ocupar-se daquilo que de fato é, e apontar para a realidade quando a intenção for expressar a verdade. Não há como um gato estar parcialmente morto; ou ele está morto ou não está, e a lógica associada à linguagem tem o papel de elucidar essa inteireza.

6.2.1 Silogismo e falácia

Silogismo é um termo muito utilizado na filosofia de Aristóteles. Ele designa a ligação entre dois pensamentos; o filósofo queria elaborar uma teoria sobre o pensamento e o raciocínio lógicos, para tanto entendeu que um silogismo poderia garantir a veracidade ou a falsidade do que fosse enunciado. Um silogismo perfeito contém em si uma ligação entre as premissas ou inferências e uma conclusão. Veja, a seguir, um exemplo.

> Todos os homens são mortais.
> Sócrates é homem.
> Logo, Sócrates é mortal.

Esse é o exemplo de um silogismo verdadeiro, pois as duas primeiras premissas são verdadeiras. É verdade que todos os homens são mortais, também é verdade que em algum momento Sócrates (figura histórica) tenha existido como homem. Assim, é possível concluir que se Sócrates contém em si a mesma humanidade que é caracterizada como mortal na primeira inferência, inevitavelmente sofrerá tudo o que é próprio dela, inclusive a mortalidade inferida na segunda premissa.

A lógica analisa a veracidade das inferências e a passagem delas para a conclusão. Quando o raciocínio utilizado for incorreto, induzirá o indivíduo ao erro; nesse caso, teremos a *falácia* ou *sofisma*. Essas formas de pensar possuem uma estrutura aparentemente correta, mas suas conclusões são equivocadas. Veja:

> Alguns humanos são sábios.
> Alguns humanos não são inteligentes.
> Logo, alguns sábios não são inteligentes.

As verdades inferidas na primeira e na segunda premissa conduziram a uma falácia, a uma não verdade. Em nossa vida cotidiana é muito comum vermos falácias presentes nos discursos como "truques retóricos", cuja intenção é o convencimento – como o discurso político, por exemplo, a imprensa, ou o discurso de vendedores. É comum ver pessoas expressando pensamentos por meio de falácias, o que pode demonstrar pouco cuidado ou pressa na elaboração das falas. No entanto, há situações em que essas falácias são meticulosamente construídas, de modo que o interlocutor possa ser convencido a executar algo, como votar, vender, defender certa causa e até mudar de opinião. O grande perigo da falácia é que ela parece correta, como na estrutura mencionada. As inferências são corretas, mas a conclusão não é. Existem vários tipos de falácias utilizadas para diferentes fins. Veja algumas delas, de acordo com Bastos e Keller (1991):

- **Conclusão irrelevante:** quando se conclui algo que "não tem nada a ver com o contexto em questão com intenção de confundir o interlocutor". Por exemplo: para incriminar alguém, o advogado fala do horror do crime sem considerar os atenuantes e as exceções que possa haver em cada caso.

- **Petição de princípio:** quando se pressupõe como certo o que deveria ter demonstrado. Por exemplo: a cegonha existe? – Ora, se não existisse você não estaria aqui!
- **Círculo vicioso:** tanto as inferências de partida quanto a conclusão carecem de demonstração. Um é demonstrado pelo outro, formando assim um círculo. Por exemplo: a inflação corrói o poder aquisitivo dos salários, portanto estes precisam ser aumentados. O aumento de salários, por sua vez, gera a necessidade de aumento de preços, portanto, provoca inflação.
- **Falsa causa:** consiste em atribuir a um fenômeno uma falsa causa ou concluir como sendo uma causa aquilo que somente o antecedeu. Pode ser relacionado a fatores ideológicos ou míticos e à superstição. Por exemplo: espelho quebrado causa sete anos de azar; a aids é fruto da liberação sexual e corresponde à decadência dos valores.
- **Causa comum:** quando dois acontecimentos relacionados entre si são tomados como causa um do outro, sem considerar que ambos são causa de um terceiro. Por exemplo: é comum considerar que a televisão é culpada pela decadência moral da sociedade, sem levar em conta que tanto a programação como os próprios valores morais são frutos de outros fatores, tais como ideias filosóficas, disputa de poder, interesses econômicos e políticos.
- **Generalização apressada:** acontece quando se atribui ao todo o que é próprio de uma parte. É o caso em que a exceção é considerada como regra. Por exemplo: os preconceitos e as piadas que discriminam pessoas por pertencerem a um grupo qualquer, como regra discriminatória. Pelo fato de que um ou alguns fizeram ou cometeram este ou aquele ato, não se segue que os outros indivíduos pertencentes a tal grupo ajam da mesma maneira.

- **Acidente:** trata-se de atribuir a um caso particular regras gerais, isto é, considera-se essencial aquilo que é somente acidental. Por exemplo: quando se julga ou tenta-se prever o comportamento de um indivíduo com base no comportamento que a maioria teve frente a dada situação.
- **Contra o homem:** consiste em atacar diretamente a pessoa em questão ou atacá-la pela circunstância especial em que ela se encontra ao invés de refutá-la em seus pontos de vista. Por exemplo: nas campanhas políticas, quando se quer destruir a imagem do outro candidato, pode-se defender que ele está com idade avançada ou tem saúde precária, ou, ainda, moral sexual duvidosa.
- **Recurso à força:** consiste em recorrer à força ou à ameaça do uso da força na tentativa de convencer alguém. Por exemplo: em uma negociação salarial, o patrão pode lembrar sutilmente que existem muitas pessoas desempregadas e que trabalhariam de bom grado por tal salário; ou ainda o professor que, diante de uma situação difícil, lembra a data da prova.
- **Apelo à piedade:** é a utilização da chantagem emocional para forçar a adesão de alguém a certo ponto de vista. É induzir à compaixão para conseguir o intento que se pretende. Por exemplo: algumas atitudes dos pais quando falam que fazem de tudo para satisfazer os filhos; o advogado que apela para a condição do réu.
- **Pergunta complexa:** pela combinação de duas ou mais perguntas em uma só, procura-se confundir o interlocutor que, sem se aperceber, pode admitir duas respostas distintas. Por exemplo: um repórter que pergunta a um homem acusado: "Você está arrependido?". Se o acusado responder "sim", confessará o delito. Se responder "não", também confessará e não se mostrará arrependido.

6.3 Estética

É na arte que o homem se ultrapassa definitivamente.
Simone de Beauvoir, citada por Oscar D'Ambrósio (2003)

Em todos os períodos é possível perceber uma forte capacidade de expressão por intermédio da interação com a natureza. Arte é o nome que damos para o produto da engenhosidade humana que se altera conforme as características culturais e os materiais que se encontram disponíveis para desencadear o processo criativo. Há manifestações artísticas que não dependem de elementos materiais, como é o caso da dança ou do teatro. A imagem (fotografia), a poesia e a literatura também são consideradas importantes demonstrações da capacidade humana criadora. É comum ouvirmos pessoas dizerem que a "arte nada tem a ver com a minha vida", é algo "reservado aos museus", mas na verdade o impulso criador é próprio da condição humana. Usamos nosso impulso criador cotidianamente, para decorar nossa casa, para criar uma nova ferramenta para nosso trabalho, quando escrevemos uma carta de amor ou quando combinamos ingredientes e inventamos uma nova receita na cozinha.

É por intermédio do impulso criativo que o homem dá significado ao mundo e busca compreendê-lo: ou seja, para que se realize plenamente, o ser humano precisa desenvolver suas habilidades "artísticas", o que pode ser alcançado cotidianamente a partir de seu próprio trabalho, com o desenvolvimento e o uso de sua imaginação, criatividade e habilidades. Por isso a administração científica de Taylor compromete tanto a

> É por intermédio do impulso criativo que o homem dá significado ao mundo e busca compreendê-lo.

realização pessoal dos trabalhadores: em nenhum momento o trabalhador é instigado à criação, apenas à reprodução de determinado movimento.

A filosofia ocupa-se da arte como dimensão pertencente à totalidade da existência humana. Para as questões que envolvem toda a dimensão da arte, os julgamentos que os seres humanos realizam em relação ao belo e ao não belo, existe a disciplina de **filosofia estética**.

Quando a filosofia se propõe a fazer uma investigação acerca da estética, ela quer saber: o que é o belo? Qual é o efeito que o belo promove nos indivíduos? Como se formam os juízos ou os julgamentos que os indivíduos realizam ao perceberem a arte ou serem afetados por ela? Qual é a relação entre arte e realidade? É possível a arte produzir algum tipo de conhecimento? Como se comporta a arte no auge da sociedade técnica/tecnológica e capitalista?

Entre os gregos, o belo possui três diferentes sentidos ou vias de interpretação. Veja o significado de cada um deles:

- A palavra *estética* deriva da palavra grega *aesthesis*, que quer dizer sensibilidade ou compreensão por intermédio dos sentidos. Quando o belo encontra sentido estético, o resultado é o harmônico e o agradável. O poeta Fernando Pessoa (1946, p. 51) anunciava assim essa relação: "a beleza é o nome de qualquer coisa que não existe, que dou às coisas em troca do agrado que me dão". Uma obra esteticamente bela é agradável e, portanto, provoca o prazer por intermédio dos sentidos com os quais se relaciona – audição, visão. Uma música bela causa prazer estético, assim como uma pintura.
- No sentido moral, o belo refere-se à ideia do bem. Uma pessoa que pauta suas ações pelo princípio aristotélico do justo meio (como vimos no capítulo sobre ética) faz belas suas ações, ao passo que ações não belas são aquelas em

que os sujeitos se deixam levar pelo excesso ou pela falta em alguma ação.

- O sentido espiritual ou intelectual do belo se dá na dimensão daquilo que pode ser conhecido por intermédio da sensibilidade artística, que proporciona também prazer intelectual.

A estética faz parte do cotidiano de uma organização; essa presença é visível de várias maneiras. O modo direto de reconhecer essa pertinência é por intermédio da linguagem organizacional – por exemplo, o uso dos termos *percepção, visão, instintos e intuição,* os quais são objetos de análise da filosofia estética. Também pelo viés do produto, que podemos relacionar com a ideia do *design*, e pelo próprio ambiente organizacional. Alguns autores que pesquisam a estética organizacional inferem que essa relação é muito mais estreita do que se imagina, e que é absolutamente necessário que essa faceta da condição humana ocupe seu lugar também no meio organizacional.

É comum ouvirmos que os sentimentos e a sensibilidade não fazem parte de uma organização, que é preciso deixá-los na porta de entrada da empresa. Em sua tese de doutorado, Raimundo Santos Leal (2000) assim defende a pertinência entre a estética e as organizações:

> *A função estética, assim como as outras duas [teórica e prática], está presente de modo manifesto, ou pelo menos, potencial, em todos os atos humanos, em todos os atos de percepção e criação. Do ato de criação, por exemplo, se pode dizer que, quanto menos esperado é o seu resultado, tanto mais indispensável é a participação da criação, a exemplo da criação técnica. Quando é preciso alcançar um objetivo novo, sem precedentes – e nisso consiste a essência da criação prática – há que aproveitar novos aspectos da realidade até aí omitidos. Esses aspectos só podem ser descobertos pela atitude estética.* (Leal, 2000, p. 6)

O autor afirma ainda que a estética, enquanto atividade da filosofia, auxilia nos aspectos de mudança e transformação organizacionais, uma vez que são resultado de processos criativos associados ao abstrato e ao sensível.

Ela também está presente contribuindo e estimulando a tomada de decisão dos clientes, uma vez que o princípio estético encontra-se vinculado ao simbolismo; ou seja, no momento de elaboração do produto, para alcançar um grande mercado, ele precisa deixar de ser visto como coisa e passar a ser visto como símbolo. Por outro lado, a estética pode ser relacionada à ideia de bem; desse modo, as organizações que se pautam por princípios morais em suas relações com o mercado, com os concorrentes e com os consumidores podem ser consideradas belas, no sentido de que existe uma harmonia entre a demanda dos indivíduos, o preço e a honestidade quanto ao produto oferecido.

Leitura complementar

A beleza do humano, nada mais
Ferreira Gullar

A reflexão do artista sobre a serventia da arte descreve com aparente simplicidade o encantamento da mais enigmática produção humana e seu efeito sobre o mundo

Confesso que, espontaneamente, nunca me coloquei esta questão: para que serve a arte? Desde menino, quando vi as primeiras estampas coloridas no colégio (que estavam muito longe de serem obras de arte) deixei-me encantar por elas a ponto de querer copiá-las ou fazer alguma coisa parecida. Não foi diferente minha reação quando li o primeiro conto, o primeiro poema e vi a primeira peça teatral.

Não se tratava de nenhum Shakespeare, de nenhum Sófocles, mas fiquei encantado com aquilo.

Posso deduzir daí que a arte me pareceu tacitamente necessária. Por que iria eu indagar para que serviria ela, se desde o primeiro momento me tocou, me deu prazer? Mas se, pelo contrário, ao ver um quadro ou ao ler um poema, eles me deixassem indiferente, seria natural que perguntasse para que serviam, por que razão os haviam feito. Então, se o que estou dizendo tem lógica, devo admitir que quem faz esse tipo de pergunta o faz por não ser tocado pela obra de arte. E, se é este o caso, cabe perguntar se a razão dessa incomunicabilidade se deve à pessoa ou à obra. Por exemplo, se você entra numa sala de exposições e o que vê são alguns fragmentos de carvão colocados no chão formando círculos ou um pedaço de papelão de dois metros de altura amarrotado tendo ao lado uma garrafa vazia, pode você manter-se indiferente àquilo e se perguntar o que levou alguém a fazê-lo. E talvez conclua que aquilo não é arte ou, se é arte, não tem razão de ser, ao menos para você. Na verdade, a arte – em si – não serve para nada.

Claro, a arte dos vitrais servia para acentuar atmosfera mística das igrejas e os afrescos as decoravam como também aos palácios. Mas não residia nesta função a razão fundamental dessas obras e, sim, na sua capacidade de deslumbrar e comover as pessoas. Portanto, se me perguntam para que serve a arte, respondo: para tornar o mundo mais belo, mais comovente e mais humano.

Ferreira Gullar é cronista, ensaísta, teatrólogo, crítico de arte e um dos maiores poetas brasileiros. É autor de livros como *Poema sujo* e *Dentro da noite veloz*, e de ensaios como *Vanguarda e subdesenvolvimento* e *Argumentação contra a morte da arte*.

Fonte: Gullar, 2005.

Síntese

A análise das implicações das disciplinas filosóficas nos conduziu a perceber a íntima conexão entre as temáticas, as áreas e os saberes filosófico e organizacional. Aparentemente, filosofia e administração não apresentam potencial de diálogo, mas, quando as observamos pelo viés dos objetos de cada disciplina, revela-se uma imbricação e uma trama de relações que não se esgota pelo estudo desse material.

O ponto alto do capítulo está na linguagem das metáforas, contribuição de Garet Morgan. Ele desvela a forma como o elemento existencial é um componente que determina grande parte da "cara" da organização. As organizações são comparadas por ele a máquinas, a organismos, a cérebros, a culturas, a sistemas políticos, a prisões psíquicas, a fluxos e transformações e, finalmente, a instrumentos de dominação. Esse autor encontra na metáfora não apenas um recurso da linguagem que tem o poder de adentrar a vida do ouvinte, mas uma forma de pensar e compreender as estruturas internas e implícitas das coisas.

A observação sobre a lógica revelou que os discursos estão repletos de armadilhas. O conhecimento e a compreensão desses possíveis "truques retóricos" contribui para identificar a intencionalidade de quem está discursando com o objetivo de convencer.

A breve abordagem que fizemos da filosofia estética revela que o ser humano é dotado de sentimentos, de sensibilidade e de intuição, e que esses elementos estão presentes quando se está à frente de uma organização ou, ainda, colaborando de algum modo com ela.

Para saber mais

SILVA SOBRINHO, J. G. da; QUEIROZ, E. F. de. Empresas líquidas: metáfora ou metonímia de uma nova lógica organizacional? **Eutomia Revista de Literatura e Linguística**, Pernambuco, v. 4, n. 8, p. 247-268, dez. 2011. Disponível em: <http://www.revistaeutomia.com.br/v2/wp-content/uploads/2011/12/JORGE_GOMES_EDILENE_QUEIROZ_Empresas-l%C3%ADquidas_p.247-268.pdf>. Acesso em: 28 abr. 2014.

Resumo

Este artigo tem o objetivo de apresentar algumas reflexões teóricas acerca da maneira como a economia de mercado, no auge do liberalismo pós década de 1980, vem tentando preencher o lugar "vazio" deixado pelas instituições reguladoras dos códigos culturais que ocupavam na modernidade clássica. A consequência do avanço do discurso capitalista, nesse sentido, tornou "líquidas" as instituições que outrora eram consideradas "sólidas". Esse fato, historicamente construído, repercutiu diretamente nas empresas que, a partir da lógica da adaptação, seguida da flexibilização dos processos e, atualmente, de um imperativo maior por criatividade e inovação, inscrevem-se numa lógica líquida e metonímica, avessa à lógica sólida ancorada em metáforas típicas da modernidade.

Palavras-chave: modelos de gestão, empresas líquidas e inovação.

Filme: Moça com brinco de pérola

Uma bela jovem camponesa passa por severas dificuldades financeiras na Holanda do século XVII. Ela busca trabalho na casa de Johannes Vermeer, um renomado pintor da época. O filme demonstra o processo de transformação da jovem, de serviçal a musa inspiradora do grande pintor para um de seus mais famosos trabalhos: *Moça com brinco de pérola*.

MOÇA COM BRINCO DE PÉROLA. Direção: Peter Webber. EUA: Imagem Filmes, 2004. 100 min.

Questões para revisão

1. Identifique qual metáfora empresarial está em evidência neste trecho:

   "Nesta metáfora, as organizações são dotadas de necessidades e submetidas a um ciclo de nascimento, crescimento, desenvolvimento, declínio e morte; ressalta-se também sua capacidade de adaptação a ambientes em mutação."
   a) Organização como cérebro.
   b) Organização como organismo.
   c) Organização como cultura.
   d) Organização como prisões psíquicas.
   e) Organização como sistemas políticos.

2. Identifique qual metáfora organizacional expressa a seguinte questão:

   "Minha forma de administrar está relacionada a um desejo inconsciente de controle, à sexualidade reprimida, ao medo da morte?"
   a) Organização como cérebro.
   b) Organização como organismo.
   c) Organização como cultura.
   d) Organização como prisões psíquicas.
   e) Organização como sistemas políticos.

3. Identifique qual tipo de falácia é tratada no trecho:

"Os preconceitos e as piadas discriminam pessoas por pertencerem a um grupo qualquer, como regra discriminatória. Por que um ou alguns fizeram ou cometeram este ou aquele ato não se segue que os outros indivíduos pertencentes a tal grupo ajam da mesma maneira."
a) Causa comum
b) Falsa causa
c) Conclusão irrelevante
d) Generalização apressada
e) Petição de princípio

4. É possível perceber falácias nos discursos organizacionais? Que tipo de falácia é mais comum?

5. Procure em jornais e revistas o discurso de algum político ou líder de organização e tente identificar em sua fala a presença de alguma falácia.

Questão para reflexão

Reescrevemos a última frase de Gullar e substituímos a ideia de mundo por organização:

[...] Portanto, se me perguntam para que serve a arte, respondo: para tornar as organizações mais belas, mais comoventes e mais humanas.

Fonte: Adaptado de Gullar, 2005.

Reflita sobre a pertinência dessa substituição de termos. A estética em sua significação espiritual, moral e material pode ressignificar a prática organizacional? Quais seriam os resultados e as consequências de tal ressignificação?

Considerações Finais

O mundo contemporâneo, especialmente as sociedades organizadas pelo modelo ocidental de industrialização, tecnologia e consumo, possui como caraterística sujeitos que confundem o que é essencial à existência – a dignidade humana, a equidade social e o equilíbrio ambiental –, com a capacidade de lucro e consumo às custas da exploração do trabalho humano e da natureza. A história da administração nos permitiu compreender que ela serviu, em muito, ao segundo modelo, ou seja, à perpetuação dos valores de mercado, ao reforço das estruturas de exploração, como vimos no modelo taylorista exposto no capítulo 4.

Na atualidade, é possível perceber alternativas de superação das estruturas que ignoram o valor do sujeito enquanto ser, dotado de direitos e integrado à natureza. Quando a administração, como área do conhecimento, ocupa-se das áreas irmãs – como é o caso da filosofia, da sociologia, da antropologia –, demonstra capacidade de romper e questionar aquele vazio existencial condicionado ao consumo a que o levava o antigo modelo. Os capítulos 5 e 6 demonstraram como essa interdisciplinaridade é capaz de humanizar a administração, oportunizando reflexões promotoras de iniciativas éticas e responsáveis.

Foi esse o movimento que imprimimos em nossa obra – o desvelamento da administração, como ciência capaz de superar suas limitações históricas e contribuir para uma sociedade que leva em conta toda a complexidade do ser humano como dotado de dignidade, direitos e integrado ao planeta.

Referências

ABBAGNANO, N. **Dicionário de filosofia**. São Paulo: M. Fontes, 2003.

ADORNO, T.; HORKHEIMER, M. **Dialética do esclarecimento**: fragmentos filosóficos. Tradução de Guido Antônio de Almeida. Rio de Janeiro: J. Zahar, 1985.

ALCOA. **Modelo Alcoa de sustentabilidade**. 2014. Disponível em: <https://www.alcoa.com/brasil/pt/info_page/modelo_sustentabilidade.asp>. Acesso em: 22 jun. 2014.

ALMEIDA, A. et al. (Org.). **Dicionário escolar de filosofia**. Lisboa: Plátano, 2003.

ARANHA, M. L. A.; MARTINS, M. H. P. **Filosofando**: introdução à filosofia. 2. ed. São Paulo: Moderna, 1995.

ARISTÓTELES. **Ética a Nicômaco**. São Paulo: Abril Cultural, 1973. (Coleção Os Pensadores).

_____. **Física**. Madrid: Gredos, 1996.

_____. **Metafísica**. Edición trilingüe de Valentin Garcia Yebra. Madrid: Gredos, 1970.

ARQUÉTIPO. In: **Dicionário crítico de análise junguiana**. Disponível em: <http://www.rubedo.psc.br/dicjung/verbetes/arquetip.htm>. Acesso em: 5 abr. 2014.

BASTOS, C.; KELLER, V. **Aprendendo lógica**. Rio de Janeiro: Vozes, 1991.

BAUER, R. **Caos e complexidade nas organizações**. 2014. Disponível em: <http://www.neuroredes.com.br/site/artigos/complexidade_nas_organiza%E7%F5es.htm>. Acesso em: 9 abr. 2014.

BORNHEIM, G. **Os filósofos pré-socráticos**. São Paulo: Cultrix, 1967.

CANETTI, E. **Massa e poder**. Tradução de Sérgio Tellaroli. São Paulo: Companhia das Letras, 1995.

CAPRA, F. **As conexões ocultas**: ciência para uma vida sustentável. Tradução de Marcelo Brandão Cipolla. São Paulo: Cultrix, 2002.

_____. **O ponto de mutação**: a ciência, a sociedade e a cultura emergente. 25. ed. São Paulo: Cultrix, 1982.

CARAVAGGIO, M. M. **Incredulità di San Tommaso**. 1601-1602. 1 óleo sobre tela: color.; 107 × 146 cm. Sanssouci's Picture Gallery, Postdam. Disponível em: <http://www.artbible.info/art/large/10.html>. Acesso em: 14 jul. 2014.

CHANLAT, J.-F. (Coord.). **O indivíduo na organização**: dimensões esquecidas. 3. ed. São Paulo: Atlas, 1996.

CHANLAT, J.-F. A caminho de uma nova ética das relações nas organizações. Tradução de Maria Irene Stocco Betiol. **RAE – Revista de Administração de Empresas**, São Paulo, v. 32, n. 3, p. 68-73, jul./ago. 1992. Disponível em: <http://www.scielo.br/pdf/rae/v32n3/a08v32n3.pdf>. Acesso em: 13 jan. 2014.

CHARLOT, B. **Da relação com o saber**: elementos para uma teoria. Tradução de Bruno Magne. Porto Alegre: Artmed, 2000.

CHAUI, M. **Convite à filosofia**. 13. ed. São Paulo: Ática, 2006.

_____. **Filosofia**. São Paulo: Ática, 2004. (Série Novo Ensino Médio, v. único).

CHIAVENATO, I. **Introdução à teoria geral da administração**: uma visão abrangente da moderna administração das organizações. 7. ed. Rio de Janeiro: Elsevier, 2003.

COMTE, A. **Curso de filosofia positiva**. Tradução de José Arthur Giannotti e Miguel Lemos. São Paulo: Abril Cultural, 1978. (Coleção Os Pensadores).

D'AMBRÓSIO, O. O mundo como teatro. **Blog Sergio Lucena**, 2003. Disponível em: <http://www.sergiolucena.net/2003_01.php>. Acesso em: 14 jul. 2014.

DAMKE, E. J.; WALTER, S. A.; SILVA, E. D. da. A administração é uma ciência? Reflexões epistemológicas acerca de sua cientificidade. In: SEMEAD – Seminários em Administração da FEA/USP, 13., 2010, São Paulo. **Anais...** São Paulo: USP, 2010. Disponível em: <http://www.ead.fea.usp.br/semead/13semead/resultado/trabalhosPDF/679.pdf>. Acesso em: 28 abr. 2014.

DESCARTES, R. **Discurso do método**. São Paulo: Abril Cultural, 1978. (Coleção Os Pensadores).

DIAS, E. A. **Popper e as ciências humanas**. Belém: Ed. da UFPA, 1992.

DUARTE, E. N.; SANTOS, M. L. da C. O conhecimento na administração estratégica. **Perspectivas em Gestão e Conhecimento**, João Pessoa, v. 1, n. 1, p. 15-24, jan./jun. 2011. Disponível em: <http://periodicos.ufpb.br/ojs2/index.php/pgc/article/view/9798/5615>. Acesso em: 28 abr. 2014.

GARCIA, J. L.; MARTINS, H. O ethos da ciência e suas transformações contemporâneas, com especial atenção à biotecnologia. **Scientiae Studia**, São Paulo, v. 7, n. 1, jan./mar. 2009. Disponível em: <http://www.scielo.br/scielo.php?pid=S1678-31662009000100005&script=sci_arttext>. Acesso em: 27 abr. 2014.

GASSET, J. O. Y. **A rebelião das massas**. Tradução de Herrera Filho. Edição eletrônica de Ed. Ridendo Castigat Mores, 2001. Disponível em: <http://www.ebooksbrasil.org/adobeebook/ortega.pdf>. Acesso em: 5 abr. 2014.

GINZBURG, C. **O queijo e os vermes**: o cotidiano e as ideias de um moleiro perseguido pela Inquisição. São Paulo: Companhia das Letras, 1998.

GUILHARDI, H. J. A metamorfose de narciso e o autoconhecimento: um ensaio. **Instituto de Terapia por Contingências de Reforçamento**, Campinas, 2010. Disponível em: <http://www.terapiaporcontingencias.com.br/txt/ametamorfose.pdf>. Acesso em: 14 jul. 2014.

GULLAR, F. A beleza do humano, nada mais. **Revista Onda Jovem**, n. 3, nov. 2005. Disponível em: <http://www.revistaondajovem.com.br/materiadet.asp?idtexto=12>. Acesso em: 14 jul. 2014.

HEIDEGGER, M. **A caminho da linguagem**. Tradução de Marcia Sá Cavalcante Schuback. Rio de Janeiro: Vozes; Ed. Universitária São Francisco, 2003.

HEIDEGGER, M. **Serenidade**. Lisboa: Instituto Jean Piaget, 2001.

HORKHEIMER, M. **Eclipse da razão**. São Paulo: Centauro, 2002.

HUMBERG, M. **Ética na política e na empresa**: 12 anos de reflexões. São Paulo: CLA, 2002.

JAPIASSÚ, H. N. **Introdução ao pensamento epistemológico**. 6. ed. Rio de Janeiro: Francisco Alves, 1991.

JAPIASSÚ, H. N.; MARCONDES, D. **Dicionário básico de filosofia**. 3. ed. Rio de Janeiro: J. Zahar, 2001. Disponível em: <http://www.dicionario_de_filosofia_japiassu.pdf>. Acesso em: 9 abr. 2014.

JONAS, H. **O princípio responsabilidade**: ensaio de uma ética para a civilização tecnológica. Rio de Janeiro: Ed. da PUC-Rio, 2006.

KAVÁFIS, K. **Poemas de Konstantinos Kaváfis**. Tradução de Haroldo de Campos. São Paulo: Cosac & Naify, 2012.

LEAL, R. S. Contribuições da estética para a análise organizacional: a abordagem de uma dimensão humana esquecida. In: ENCONTRO NACIONAL DE ESTUDOS ORGANIZACIONAIS, 1., 2000, Curitiba. **Anais**... Curitiba: Anpad, 2000. Disponível em: <http://www.anpad.org.br/diversos/trabalhos/EnEO/eneo_2000/2000_ENEO6.pdf>. Acesso em: 27 jul. 2014.

LEAL, R. S. **O estético nas organizações**: uma contribuição da filosofia para a análise organizacional. 360 f. Tese (Doutorado em Administração) – Escola de Administração, Universidade Federal da Bahia, Salvador, 2003. Disponível em: <http://www.adm.ufba.br/pt-br/publicacao/estetico-organizacoes-contribuicao-filosofia-para-analise-organizacional>. Acesso em: 5 abr. 2014.

LEBRUN, G. **O que é poder**. Tradução de Renato Janine Ribeiro e Sílvia Lara Ribeiro. São Paulo: Brasiliense, 1981.

LEITE, M. et al. A batalha de Belo Monte. **Folha de S. Paulo**, 16 dez. 2013. Especial. Disponível em: <http://arte.folha.uol.com.br/especiais/2013/12/16/belo-monte/>. Acesso em: 9 abr. 2014.

MAGRITTE, R. **Ceci n'est pas une pipe**. 1929. 1 óleo sobre tela: color.; 60,33 × 81,12 cm. Los Angeles County Museum of Art – Lacma, Los Angeles. Disponível em: <http://collections.lacma.org/node/239578>. Acesso em: 14 jul. 2014.

MARCONDES, D. **Textos básicos de filosofia**: dos pré-socráticos a Wittgenstein. 2. ed. Rio de Janeiro: J. Zahar, 2000.

MARCONDES, D.; FRANCO, I. **A filosofia**: o que é? Para que serve? Rio de Janeiro: Ed. da PUC-Rio, 2011.

MARITAIN, J. **Humanismo integral**: problemas temporales y espirituales de una nueva cristianidad. Buenos Aires: Carlos Lohlé, 1966.

MORGAN, G. **Imagens da organização**. São Paulo: Atlas, 1996.

MORIN, E. A.; KERN, A. B. A Antropolítica. In: MORIN, E. A.; KERN, A. B. **Terra-Pátria**. 4. ed. Tradução de Paulo Neves. Porto Alegre: Sulina, 1996. p. 135-150.

MORRIS, T. **A nova alma do negócio**: como a filosofia pode melhorar a produtividade da sua empresa. Rio de Janeiro: Campus, 1998.

NOGARE, P. D. **Humanismos e anti-humanismos**: introdução à antropologia filosófica. 4. ed. Petrópolis: Vozes, 1977.

PESSOA, F. **Poemas de Alberto Caeiro**. Nota explicativa e notas de João Gaspar Simões e Luiz de Montalvor. Lisboa: Ática, 1946.

PLATÃO. A alegoria da caverna. Tradução de Lucy Magalhães. In: MARCONDES, D. **Textos básicos de filosofia**: dos pré-socráticos a Wittgenstein. 2. ed. Rio de Janeiro: J. Zahar, 2000, p. 39-42.

_____. **A República**. Tradução de Carlos Alberto Nunes. 3. ed. Belém: EDUFPA, 2000b.

REIS, R. Odes de Ricardo Reis. In: PESSOA, F. **Obra poética**. 3. ed. Rio de Janeiro: Nova Aguilar, 2001.

ROSA, G. Mark Boyle, o homem que vive sem dinheiro. **Pragmatismo Político**, 15 out. 2013. Disponível em: <http://www.pragmatismopolitico.com.br/2013/10/mark-boyle-homem-vive-dinheiro.html>. Acesso em: 14 jul. 2014.

SANTAELLA, L. **O que é semiótica**. São Paulo: Brasiliense, 1983.

SANTOS, B. de S Um discurso sobre as ciências na transição para uma ciência pós-moderna. **Estud. av.**, São Paulo, v. 2, n. 2, ago. 1988. Disponível em: <http://www.scielo.br/scielo.php?script=sci_arttext&pid=S0103-40141988000200007&lng=en&nrm=iso>. Acesso em: 1º dez. 2014.

SERVA, M.; DIAS, T.; ALPERSTEDT, G. D. Paradigma da complexidade e teoria das organizações: uma reflexão epistemológica. **RAE Revista de Administração de Empresas**, São Paulo, v. 50, n. 3, jul./set. 2010. Disponível em: <http://www.scielo.br/scielo.php?pid=S0034-75902010000300004&script=sci_arttext>. Acesso em: 27 abr. 2014.

SHIGUNOV NETO, A.; MACIEL, L. S. B. Existe mesmo uma teoria geral da administração (TGA)? Não deveríamos falar em ciência administrativa? **Qualitas Revista Eletrônica**, Paraíba, v. 7, n. 1, 2008. Disponível em: <http://revista.uepb.edu.br/index.php/qualitas/article/view/143/103>. Acesso em: 5 abr. 2014.

SILVA SOBRINHO, J. G. da; QUEIROZ, E. F. de. Empresas líquidas: metáfora ou metonímia de uma nova lógica organizacional?. **Eutomia Revista de Literatura e Linguística**, Recife, v. 4, n. 8, p. 247-268, dez. 2011. Disponível em: <http://www.revistaeutomia.com.br/v2/wp-content/uploads/2011/12/JORGE_GOMES_EDILENE_QUEIROZ_Empresas-l%C3%ADquidas_p.247-268.pdf>. Acesso em: 28 abr. 2014.

SILVA, S. S. da; REIS, R. P.; AMÂNCIO, R. Paradigmas ambientais nos relatos de sustentabilidade de organizações do setor de energia elétrica. **Revista de Administração Mackenzie**, São Paulo, v. 12, n. 3, p. 146-176, maio/jun. 2011. Disponível em: <http://editorarevistas.mackenzie.br/index.php/RAM/article/view/2967%20Acesso%20em%2003.07.2014>. Acesso em: 16 jan. 2014.

SLOTERDIJK, P. **O desprezo das massas**: ensaio sobre lutas culturais na sociedade moderna. Tradução de Claudia Cavalcanti. São Paulo: Estação Liberdade, 2002.

SOUSA, B. S. **Um discurso sobre as ciências**. 15. ed. Porto: Afrontamento, 1988.

SOUZA, A. I.; MARCHI, L.; MACHADO, M. I. **O trabalho no capitalismo**: alienação e desumanização. CEFURIA – Centro de Formação Urbano Rural Irmã Araújo. Cartilha digitada. Curitiba: Gráfica Popular, 2004. p. 26-27. Disponível em: <http://www.cefuria.org.br/files/2012/08/cartilha3.pdf>. Acesso em: 14 jul. 2014.

SOUZA, S. M. R. **Um outro olhar**: filosofia. São Paulo: FTD, 1995.

SPURZEM, L. **Stenogr Notiz**. 2014. Disponível em: <http://pt.wikipedia.org/wiki/Taquigrafia#mediaviewer/File:Stenogr_Notiz_%28Lothar_Spurzem%29_2009-06B.jpg>. Acesso em: 14 jul. 2014.

TAYLOR, F. W. **Princípios de administração científica**. Tradução de Arlindo Vieira Ramos. 6. ed. São Paulo: Atlas, 1966.

THE MONEYLESS MANIFESTO. Disponível em: <http://www.moneylessmanifesto.org/>. Acesso em: 5 abr. 2014.

TOFFLER, A.; TOFFLER, H. A corrida para clonar o Vale do Silício. In: TOFFLER, A. Futuro. **ExpoManagement**, 2003. p. 11-13. Disponível em: <http://www.fesppr.br/~guil/OSM_Guil/AlvinToffler(P).pdf>. Acesso em: 14 jul. 2014.

VALLS, Á. L. M. **O que é ética**. São Paulo: Brasilense, 1994. (Coleção Primeiros Passos).

WALTER, S. A.; AUGUSTO, P. O. M. O status científico da pesquisa em administração. **Revista de Negócios**, Blumenau, v. 13, n. 4, p. 56-71, out./dez. 2008.

WRIGHT, J. **An Experiment on a Bird in the Air Pump**. 1768. 1 óleo sobre tela: color.; 1,83 x 2,44 m. The National Gallery, Londres. Disponível em: <http://www.nationalgallery.org.uk/paintings/joseph-wright-of-derby-an-experiment-on-a-bird-in-the-air-pump>. Acesso em: 14 jul. 2014.

Respostas

Capítulo 1

Questões para revisão

1. b
2. c
3. a
4. A visão da empresa como máquina, com controle de tempo dos funcionários e maximização da produtividade. Não há preocupação com o ambiente, que é visto como mero recurso.
5. A empresa que possui uma visão sistêmica, isto é, que compreende as interconexões entre os setores internos e externos, além de contemplar as consequências de sua atuação de mercado, como a geração de resíduo, por exemplo.

Questões para reflexão

1. É possível estabelecer uma relação entre filosofia, aparência e mundo organizacional, uma vez que a filosofia busca elucidar o sentido daquilo que se oculta por detrás do aparente. As organizações devem pautar-se não apenas pelo princípio aparente, mas também pela construção de um fundamento de ação que contemple as mais variadas dimensões da empresa.

2.

a) A caverna representa os mundos nos quais mergulhamos e que acabamos confundindo com a realidade, como, por exemplo, uma cultura organizacional, um princípio religioso ou mesmo um modo de vida que julgamos ser correto.

b) As correntes representam os velhos hábitos que nos vinculam sempre a uma mesma realidade. Quando nos apegamos demasiadamente a determinados costumes e não nos adaptamos aos novos tempos, é como se estivéssemos acorrentados.

c) Os prisioneiros são aqueles que acreditam que seu meio é o correto e que a validade de seu modo de vida é indiscutível.

d) O liberto é aquele que consegue ver além, que consegue contemplar uma gama maior de valores a serem alcançados e que reconhece a necessidade de abrir mão dos velhos costumes.

e) A luz do sol representa a verdade, o ideal a ser alcançado, a utopia que se deve constantemente perseguir.

Capítulo 2

Questões para revisão

1. e

2. b

3. d

4. O problema da razão instrumental identificado e criticado por Horkheimer diz respeito justamente ao seu caráter instrumental. A razão é utilizada como ferramenta ou instrumento de dominação da natureza.

5. Uma vez que se pauta por princípios científicos, a administração pode incorrer nos princípios calculistas da razão instrumental. Para superar essa dificuldade, as organizações não podem abrir mão do diálogo frequente com todos os colaboradores de modo a mensurar as consequências internas de suas medidas. É preciso estabelecer conjuntamente quais princípios valorativos são inegociáveis para a organização – como a sustentabilidade.

Questão para reflexão

Para Platão, o conhecimento é entendido como conjunto de crenças legítimas e justificadas. O mundo organizacional pode apropriar-se da teoria do conhecimento de Platão, na medida em que é só mediante o conhecimento justificado e verdadeiro que se torna possível analisar claramente o que ocorre no entorno, o modo como ocorre e ainda oferecer segurança para a tomada de decisões.

Capítulo 3

Questões para revisão

1. c

2. b

3. d

4. Do ponto de vista histórico, a ética utilitarista indica a tragédia do humanismo, o qual, ao invés de resgatar a dignidade do mundo no mundo, exclui de seu "cálculo" a importância da existência e do bem-estar das outras espécies vivas, como plantas e animais.

5. O humanismo absoluto serviu e ainda serve como fundamento de uma ética, ou seja, determina muitos comportamentos modernos e pós-modernos, como a dominação sobre a natureza e as espécies vivas, o que atribui a todos os demais seres o dever de contribuir para o conforto, a realização e o bem-estar do homem.

Questão para reflexão

Uma decisão é ética se prioriza sempre o correto em vez do vantajoso.

Capítulo 4

Questões para revisão

1. a

2. d

3. a

4. Análise pessoal. Considerar a herança taylorista no modo de trabalho do Vale do Silício.

5. É possível. De modo tímido, a ciência contemporânea expande seu horizonte de compreensão e passa a abranger cada vez mais elementos conexos, bem como outras formas de vida.

Questões para reflexão

1. Análise pessoal.

2. Quando a ciência não respeita a vida como valor maior, então ela pode ocupar-se com o desenvolvimento de aparatos altamente destrutivos, como bombas e outros artefatos bélicos. Outra consequência é servir apenas a interesses financeiros, ocupando-se apenas do que for mais rentável.

Capítulo 5

Questões para revisão
1. b
2. e
3. a
4. No paradigma emergente o conhecimento tem como horizonte a totalidade, ou seja, o conhecimento visa à compreensão das ligações e das implicações entre as diferentes áreas do saber.
5. A administração está inserida no horizonte das ciências sociais aplicadas.

Questão para reflexão
Análise pessoal.

Capítulo 6

Questões para revisão
1. b
2. d
3. d
4. **Apelo à emoção:** faz com que os colaboradores se sintam emocionalmente envolvidos com a organização apenas para facilitar situações de exploração.

Apelo à autoridade: quando os colaboradores precisam acatar uma decisão não por ela ser coerente e racional, mas por ter sido emitida por alguém com maior autoridade.
5. Análise pessoal.

Questão para reflexão

Sim. A estética pode ressignificar a prática organizacional na medida em que as organizações são compostas por seres humanos e estes são dotados de sensibilidade. Contemplar a dimensão da sensibilidade no mundo empresarial significa considerar um aspecto mais amplo do ser humano. As consequências seriam múltiplas, desde o aumento do potencial criativo até a maior qualificação do produto final.

Sobre a autora

Graduada em Filosofia pela Universidade Estadual do Oeste do Paraná (Unioeste), **Lidiane Grützmann** é mestre em Educação pela Pontifícia Universidade Católica do Paraná (PUCPR) e professora de Filosofia da rede particular de ensino de Curitiba, além de autora de materiais didáticos na área.

Impressão: Maxi Gráfica
Maio/2015